KB147425

몰
락
의 시
    간

몰락의 시간

안희정 몰락의 진실을 통해 본
대한민국 정치권력의 속성

문상철

메디치

더 좋은 세상을 위해
정치를 도구로 선택한 당신께
이 책을 바칩니다.

책장을 한 장 한 장 넘기며 한참을 울었다. 오랫동안 익명의 존재로 살아오며 고통을 겪은 문 선배의 지난 시간들이 마음에 닿았다. 있는 그대로의 사실을 증언했다는 이유로 그는 조직 내 가장 촉망받던 참모에서 하루아침에 꿈을 잃은 실직자가 되었다.

권력에 예속되는 정치권에서 최고 권력자의 범죄를 마주했을 때 힘없는 약자 곁에 서는 일은 쉽지 않은 선택이다. 피해자의 목소리를 귀담아 들어주고, "도와줄게"라고 건넨 문 선배의 그 짧은 대답은 많은 것들을 바꿔냈다. 대권 주자 안희정의 최측근이자 신망받는 보좌관으로 정치 경력을 쌓아가던 위치에서 진실을 지키고자 자신의 모든 것을 버렸다. 이후 선배는 미투의 시작부터 생존의 영역까지 피해자들과 함께해주었다.

책 속에 두 사람이 있다. 정치적 동지였던 안희정과 문상철. 둘은 오랜 시간 같은 곳을 바라봤지만, 미투 이후 다른 곳을 본다. 두 사람의 이야기를 따라가다 보면 정치인의 꿈이 어떻게 현실의 비뚤어진 구조와 만나 변형되는지 그 실상을 깊이 들여다보게 된다. 끔찍하지만 수년이 지난 지금도 반복되는 정치의 현실이다. 예전에는 몰랐지만, 이 책을 통해 이제는 알 수 있게 되었다. 많은 독자들이 함께 알아간다면 우리가 근본적인 변화를 만들어낼 수 있지 않을까 생각한다.

'몰락의 시간' 속에서 오히려 나는 작은 희망을 보았다. 세상이 좋아지고, 정치가 조금 더 발전한다면 다시는 제2, 제3의 안희정이 나타날 수 없으리라고 믿고 싶다.

문 선배의 굳은 신념을 존경하고 응원한다. 멈춰진 그의 시간이, 지워진 그의 기록이 이어지길 소망한다.

김지은(《김지은입니다》 저자)

1장   정치의 시작: 정치 초보, 꿈에 뛰어들다

2장   정치의 본질: 함께 배우고 성장하다

나는 왜 이 글을 쓰는가

2018년 3월 5일 밤, 안희정 충남도지사는 몰락했다. 그날 그의 전 수행비서였던 김지은 씨가 JTBC 뉴스룸에 출연하여 성폭력 피해 사실을 밝혔다. 곧 쓰러질 것 같은 모습으로 범죄 피해 사실을 말하는 그녀의 절절한 호소 앞에 모두가 큰 충격을 받았다. 김지은 씨가 출연한 약 20분 동안 세상은 마치 적막 속에 빠진 것 같았다. 사건의 진실 여부도 중요했지만, 그 가해자로 지목된 사람이 안희정이라는 사실에 많은 사람이 혼란스러워했다. 안희정은 당시 국민에게 큰 사랑을 받던 정치인이었고, 차기 대통령 후보로 손꼽히던 대권 주자였다. 국민의 지지와 열망을 한 몸에 받던 안희정, 그리고 그가 꿈꾸던 정치는 그 순간 철저히 몰락했다.

안희정 지사의 민주당 대통령 후보 경선 수행팀장이었고, 성폭력 사건의 증인이었던 나는 김지은 씨의 충격적인 미투가 있기 8일 전인 2월 25일, 피해 사실을 피해자로부터 직접 전해 들었다. 그동안 주변에 도움을 요청해도 외면받던 피해자가 마지막 범죄를 당하고 외친 절벽 끝의 SOS였다. 생의 갈림길 앞에서 내미는 그녀의 손을 외면할 수 없었다. 피해자의 인생에 개입하기로 결정한 그 후 나에게도 많은 일이 일어났다. 그 과정에서 나는 안희정 지사가 안겨준 주체할 수 없는 슬픔과 고통에 말과 글을 잃었다. 수년간 그를 보좌하며 함께 그렸던 여정의 기록 역시 가슴 한편에 봉인했다.

말할 수 있는 공간은 오로지 법정에서만이라고 생각했다. 법정의 증언을 이어가면서 나 역시 공동의 가해자임을 깨달았다. 문제를 바로잡을 수 있는 무수히 많은 순간이 있었지만 나는 너무나 무지했다. 재판이 끝난 이후에는 현실을 멀리했다. 그렇게 시간은 흘러갔다. 항간에는 나를 '피해자의 첫 조력자' 또는 '문 선배'로 이름 없이 불렀다. 법정에서는 검찰이 부여한 '김상훈'이라는 가명으로 호칭되었다. 오랜 시간 철저히 익명의 조력자로 남았다.

5년 만이다. 오래 품어온 이야기를 세상에 내놓기로 결심했다. 내가 겪은 일들이 감히 나 혼자서만 간직할 수 있는 사유재가 아니라는 사실을 알게 되었다. 공공의 영역에서 경험한 나의 일들은 모두가 알고, 함께 고민해야 할 사회의 공공재였다. 내게는 정치권에 발을 들인 순간부터 10여 년간 경험한 이 도전과 부조리의 일들을 세상에 알려야 할 의무가 있었다.

누군가를 미워하고 원망하기 위한 이야기가 아니다. 갈등과 반목이 지배하던 정치권에 혜성처럼 나타나 통합을 외치던 정치인, 대통령 유력 후보에까지 올라 국민적 지지를 받은 정치인의 도전과 실패가 우리에게 전하는 함의를 되돌아보기 위해서다. 글과 말이 사라진 공간에 편리한 망각과 구태의 실수가 반복되는 일상을 막기 위해 써 내려간 반성문이다.

정치인 안희정과 많은 시간을 보냈다. 2011년부터 2017년까지 약 7년의 시간이다. 정치인 안희정은 나의 우상이었고, 좋은 세상을 만들어줄 가장 현실적인 대안이었다. 지난 시간을 되돌아보았다. 곳곳에 흩어져 있던 기록들을 찾아 모으고, 활자화했다. 먼지를 털어내고 꺼내 든 기록 속에는 안희정과 함께 어떤 세상을 꿈꾸었는지, 왜 우리는 몰락할 수밖에 없었는지가 담겨 있었다. '간절히 소망했지만, 처참히 실패했다.' 이 한 줄의 문장 뒤에 기록을 통해 떠올린 지난 빛과 그늘의 이야기들을 덧붙여 나갔다. 직접 경험하지 않으면 알 수 없는 사실들이다.

안희정과 함께 많은 꿈을 꾸고, 많은 도전을 이어갔다. 정치인을 꿈꿨던 나에게도 가슴 벅찬 경험들이었고, 의미 있는 시간이었다. 그러나 그 과정 속 오랜 시간 반복되는 사람들의 기대와 욕망 앞에서 안희정은 스스로를 잃어갔다. 환호와 호응, 그리고 공격과 상처는 단어만 다를 뿐 결국은 한낱 인간인 정치인을 환각에 빠지게 했다. 대선을 앞두고 그 속도는 더욱 가팔라졌다.

내가 경험한 오래전의 일들은 지금도 정치권에서 반복되고 있다. 사람의 잘못은 스스로의 반성으로 바로잡을 수 있지만 사회구조의 잘못은 국민의 공감과 문제의식에서야 비로소 바꿔 나갈 수 있다. '안희정의 몰락'을 '개인 안희정의 몰락'으로만 여겨서는 한 발짝도 나아갈 수 없다. 이 글을 읽고 있는 당신도, 그리고 국민들로부터 이미 호응받고 있는 그 어떤 정치인도 '안희정'이 될 수 있다. 담담한 과거의 기록이 선뜻 비치는 미래의 암담한 모습을 온전히 바꿔낼 수 있기를 소망하며 글을 썼다.

이 책은 총 6장으로 구성했다. 정치인 안희정과 만나 정치의 본질과 현실을 깨닫는 과정, 그리고 그가 변질되고 몰락해가는 과정을 시간순으로 재구성했다. 안희정과 함께한 시간 동안은 그를 주어로 이야기를 풀었다. 하지만 민주당 대통령 후보 경선을 마치고 국회로 옮겨가 그와 동행하지 않게 된 이후부터는 내가 주요 화자가 되어 이야기를 풀어 나갔다. 정치인 안희정과 그의 곁에서 일하던 사람들의 이야기를 주로 다루지만 부디 그들만의 이야기로 읽지 않기를 바란다.

1장

정치의 시작

정치 초보, 꿈에 뛰어들다

출발점에 선 두 초보

"도청에 지원한 이유가 뭐죠?"

"부조리한 세상을 직접 바꾸고 싶어 지원했습니다."

"부조리? 세상을 직접 바꾼다? 정치할 생각도 있나 보네?"

"네. 당장은 아니고 언젠가 대전시장 선거에 출마하고 싶은 생각도 있습니다."

"출마? 하하. 그건 너무 먼 이야기이고요. 그냥 말하는 게 꼭 정치 지망생 같아서 물은 거예요. 그건 그렇고, 대학생 때 다큐멘터리 만들었다고?"

"네. 두 편 만들었습니다."

"방송도?"

"KBS와 지역 케이블에서 각각 방송했습니다."

"그럼 왜 다큐 피디가 되지, 여기 왔어요?"

"정치가 제 소명이라고 생각했습니다. 말씀대로 다큐멘터리 피디가 꿈이었는데, 군 생활 중 노무현 대통령님께서 돌아가시는 걸 보고 꿈을 바꾸게 되었습니다. 평소 정치에 관심이 많았고, 노무현 대통령님의 탄핵 당시에는 광화문 시위에 참석하기도 했었기 때문에 대통령님의 서거 소식은 제게 너무나 큰 충격이었습니다. 그때 뭔가 각성이 된 것 같습니다. 문득 정신 차려 정치를 생각하게 됐고, 저 현장으로 직접 들어가 제대로 된 정치를 하고 싶다는 꿈을 갖게 되었습니다."

"잘 알겠어요. 근데 여기는 다 비정규직 인생들이에요. 오늘 들어왔다가 내일 짤려 나갈 수도 있다는 이야기지. 대학교에서 여론조사 연구하는 연구원이죠? 지금 생활이 더 안정적이지 않을까요?"

"네. 그래도 아직 20대라서 제가 꼭 해보고 싶은 일에 도전하고 싶었습니다. 뽑아주신다면 다양한 업무들을 맡아 성과를 내겠습니다."

"안희정 지사님에 대해 어떻게 생각해요?"

"소신 있고, 스마트하신 정치인으로 알고 있습니다."

2011년, 그렇게 나는 스물여덟의 나이에 면접을 보고 정치권에 들어왔다. 그전까지는 대학 연구소에서 일하고 있었다. 정치인이 되고 싶었지만 방법을 물어볼 곳도, 정보를 알 수 있는 곳도 많지 않았다. 그러던 중 지인의 소개로 여론조사 회사에서 일하고 있는 청와대 행정관 출신의 정치권 사람을 만날 수 있었다.

"어떻게 하면 정치권에서 일할 수 있을까요?"

"문 연구원은 인상이 선해 보여. 자기주장 강하고, 센 사람들이 살아남는 곳이 정치권인데 자기 같은 사람은 살아남기 힘들어. 처음 만나는 사람에게도 '형님! 형님!' 하면서 넉살도 좀 있어야 하고, 정치판 애들 보면 대부분 집안에 돈도 많아. 그러니까 자기는 얼른 포기하고 그냥 편한 길 가."

'정치라는 건 아무나 하는 게 아니구나. 역시 선택받고 타고난 사람들만 할 수 있는 일이구나' 생각했다. 하지만 언젠가 기회가 된다면 정치가 꼭 선택받은 사람들만 하는 게 아닌, 살기 좋은 대한민국을 꿈꾸는 누구나 참여할 수 있다는 것을 보여주고 싶었다.

그 후 2년이 흘러 충남도지사 비서실에서 메시지와 여론조사를 담당할 직원을 뽑는다는 소식을 듣게 됐다. 평소 글 쓰는 걸 좋아했고, 여론조사 방법론을 연구하고 있었기에 주저 없이 바로 지원했다. 몇 단계의 면접을 보고 운 좋게 합격했다. 꿈에 그리던 정치권에 드디어 발을 들이게 되었다.

당시 충남도청의 수장이었던 안희정 도지사에 대해서는 이름만 들었을 뿐 아는 게 많지 않았다. 충남도청에 지원한 이유 역시 '안희정' 때문이 아니라 '진보 진영 출신의 광역자치단체장 비서실'이었기에 지원했다. 진보 진영 이외에 내가 더 따질 수 있는 것은 없었다. 《안희정과 이광재》라는 책을 사서 읽었고, 인터뷰 기사 몇 개를 본 후 도청에 들어갔다. 당시까지 알려진 안희정 지사의 과거는 이러했다.

1980년대 대학 운동권 출신으로, 1989년 민주당 김덕룡 의원의 비서로 정계에 입문했으나 얼마 지나지 않아 정계를 떠나 출판사 영업부장으로 전국을 다니며 책을 판매했다. 이후 1994년 지방자치실무연구소의 사무국장으로 일하며 노무현 전 대통령과 인연을 맺었다. '노무현의 정치적 동업자'라고 불리며 조직과 자금 관리를 맡아 노무현 정부 출범에 큰 역할을 하였지만 2003년 불법 대선 자금을 받은 혐의로 처벌받아 참여정부 기간 동안 공직을 맡지 못했다. 그는 이때가 개인적으로 가장 힘든 시기였다고 참모들에게 종종 말했다.

노무현 정부 말기 낮은 대통령 지지도로 많은 사람이 노무현의 곁을 떠날 때 안희정은 '참여정부평가포럼'을 만들어 노무현의 업적을 정리하는 일을 주도하였으며, 2008년 논산계룡금산 국회의원 출마를 준비했으나 공천을 받지 못했다. 2009년 노무현 대통령 서거 당시 정치적 상주 역할을 하였으며 그해 7월 전당대회에서 최고위원으로 당선되었다.

2009년 12월 이명박 대통령이 행정수도건설 재검토를 추진하자 당시 충남도지사였던 이완구 지사가 사퇴하였고, 2010년 1월 안희정은 세종시 원안 사수를 주장하며 충남도지사에 출마하였다. 2010년 6월 2일 보수적인 정치 성향의 충청남도에서 2위 후보와 2.3%p 차이를 보이며 어렵게 도지사에 당선되어 누군가의 참모가 아닌 공무원 조직을 이끄는 정치인으로서 첫발을 내디뎠다. 운동권 출신으로 행정 경험이 부족한 초보 도지사로서 도정을 불안정하게 운영할 것이라는 일부의 우려도 있었지만 예상과 달리 대화와 타협으로 도정을 이끈다는 평가를 많이 받았다. 2011년에는 도민 지지도 역시 70%에 가까울 정도로 높은 인기를 누리고 있었다.

낯선 시작, 낯선 조직

2011년 충남도청은 대전 중구 선화동에 있었다. 당시 도청사는 일제강점기인 1932년에 세워진 건물로, 2013년 홍성군으로 도청 소재지를 이전한 후에는 대전근현대사전시관으로 쓰이고 있다. 오래전에 지어져 마치 박물관같이 생긴 도청, 그 건물의 중심에 있는 도지사 비서실로 같은 해 11월 첫 출근을 했다.

첫 출근일부터 도청에 있던 정무직 공무원들은 대부분 내 인사를 받지 않았다. 의도적으로 피하는 것 같기도 했고, 바빠 보이기도 했다. 표정은 얼음처럼 차가웠다. '원래 정치권에 있는 사람들은 다 바쁘고, 콧대가 높은가 보다.' 생각하며 지나쳤다.

그림자처럼 지내는 날들이 쌓여갔다. 하루 종일 공보관실에서 보내주는 도청 관련 신문스크랩을 읽으며 시간을 보냈다. 일을 주는 사람도 말을 거는 동료도 없었다. 안희정 지사와도 첫 출근한 지 3일 만에야 집무실에서 인사를 나눴고, 그리 긴 대화를 나누지는 못했다. 그렇게 한 달이 지나자 한 정무직 선배가 나를 불렀다.

"지금처럼 일해서는 네 자리 금방 없어져. 넌 도지사 선거 캠프도 안 뛰고 도청에, 그것도 비서실에 들어왔잖아. 지사님이 널 뽑으셨지만 사람들은 선거라는 전쟁에 같이 참전 안 한

너를 못 믿는 거야. 정작 선거 뛴 사람 중에 아직까지 못 들어온 사람도 많고. 그래서 그냥 지켜보는 거고. 출퇴근 시간부터 조정해. 여기 사람들은 패밀리십도 없는 너한테는 별로 관심 없어. 경력 인정받고 채용됐을지는 모르지만, 네가 지사님하고 친한 관계가 아닌 이상 결국 너는 너 스스로의 필요성을 입증해야 돼. 내일부터 가장 일찍 출근하고, 가장 늦게 퇴근해봐. 그리고 이것저것 해보겠다고 네가 먼저 들이대. 그 한심한 시집 같은 것 좀 손에 들고 다니지 말고!"

선배에게 고마웠다. 그대로 뒀으면 나는 연기처럼 사라졌을 것이다. 그동안 경험한 조직들은 대부분 일정한 기간 동안 일을 가르쳐주고, 적응하는 데 시간을 주었다. 이곳은 수습기간이 전무했다. 나중에 안 사실이지만 모든 정치권이 그런 것은 아니었다. 당시 정무직 중 상당수가 충남도지사 당선 직후 처음 공직에 들어온 사람들이었기에 애초에 시스템이랄 게 없었다. 새롭게 체계를 잡아가는 과정이었다.

선배의 조언대로 조직에 녹아들기 위해 아침 7시에 출근해 밤 10시가 넘어서 퇴근하기 시작했다. 아무도 일을 시키지 않았지만 스스로 할 수 있는 일이 뭐가 있을까 고민했다.

당시 나는 조직 내에서 '문배려'로 불리고 있었다. 평소 선배들이 호칭을 '형', '누나'로 하라고 했지만 그렇게 부르지 못하고 늘 깍듯하게 대한다는 이유에서였다. 배려심이 쓸데없이 많다는 의미도 있었다. 조롱 섞인 표현이었다. 여러 번 변화를 시도해봤지만 몸에 밴 태도가 하루아침에 바뀌지는 않았다.

정무직들은 한 포털사에서 만든 밴드 커뮤니티를 통해 안 지사의 생각과 모임 정보를 공지했다. 이 커뮤니티에는 도청에서 일하는 정무직 직원부터 안 지사의 싱크탱크인 외부 연구소에서 일하는 사람들까지 대부분이 멤버로 들어가 있었다. 그러나 나는 초대받지 못했다. 패밀리로 인정받지 못했다는 의미였다. 믿을 수 있는 구성원이 아니었고, 쓸데없는 배려심만 많은 거리감 있는 후배였다. 정무직들 사이에 어떤 모임이 있는지, 어떤 이야기들이 돌고 있는지 알지 못했기에 사람들 간의 대화에도 잘 끼지 못했다.

대화와 모임에서 소외되면 소외될수록 태도는 더 경직되었고, 선배들을 대하는 자세 역시 '문배려'라는 조롱에 어울리게 더 깍듯해질 수밖에 없었다. 극복하려 했지만, 모든 게 어렵고 불편한 나날이 이어졌다.

안희정 곁에 서다

어느 날이었다. 비서실 회의 도중 안희정 지사가 말했다.

"노무현 대통령 때도 기록비서를 대동해서 모든 일정을 기록하고 공유했듯이 우리도 내가 도지사로서 하는 모든 일정에 대해 정무직 직원 한 명 배석시켜서 한번 다 기록해봅시다. 일반 공무원 시키면 민감한 정보가 새어 나갈 수도 있으니까 우리 식구 중에 뽑아서 추진해보세요."

참여정부 시절 노무현 대통령은 대부분의 일정에 기록 담당 행정관을 배석시켜 접견과 회의 내용을 기록하였다. 그 모델을 본떠 도지사 일정의 모든 대화를 기록하라는 것이다. 도지사의 보고와 회의 일정에 꼬박꼬박 참석해 기록하는 일을 하기 위해서는 하루 종일 도지사 일정에 매여 있어야 했다. 제때 기록하지 못한 부분들은 녹음 파일을 다시 들으며 기록해야 했기에 정무직 선배들은 대부분 이 일을 허드렛일로 생각했다. 속기사의 업무처럼 보이는 이 일을 아무도 맡으려 하지 않았다. 자연스레 정무직의 막내이자 하는 일이 거의 없었던 내가 기록 업무를 맡게 되었다. 도청에 들어와 맡은 첫 공식 업무였다.

이후 도지사 주재의 모든 공개·비공개 회의, 접견과 보고 자리에 배석하며 대화 내용을 녹음하고 기록했다. 회의 주제, 일시, 배석자, 오고 간 대화와 도지사의 지시 사항을 모두 기록했다. 이렇게 정리한 문서는 도청 고위 공직자들과 정무직들에게 발송했다.

일부 접견자는 개인적인 만남인데 배석자가 있다며 불쾌해하기도 했다. 일부 고위 공직자들은 내게 따로 찾아와 자신이 아까 한 보고 내용 중 잘못된 부분이 있었다며 기록을 변경해달라고 요청하기도 했다. 도지사 일정을 골라가며 배석할 수도 없었고, 항상 녹음을 했기에 기록을 임의로 바꿔줄 수도 없었다. 배석 기록을 남기지 말아야 한다는 내부 반발에도 불구하고, 안희정 지사는 노무현 대통령도 그렇게 했다며 변함

없이 기록으로 남길 것이라고 못 박았다. 그렇게 한 달이 지나자 '도지사의 모든 회의를 녹음하고, 기록한다'는 방침은 도정에 안착되었다.

그렇게 있는 듯 없는 듯 새로운 그림자로서의 역할을 3개월 정도 하자 안희정 지사가 인정하기 시작했다. 공식 석상에서 나를 따로 불러 업무를 지시하는 일이 잦아졌고, 공개적으로도 신뢰를 보였다. 도청의 공직자들 역시 항상 도지사 뒤편에 앉아 있는 나를 알아봤고, 정무직들도 점차 인사를 받아주기 시작했다.

도지사 집무실에서 매일 이루어지는 회의 참석자의 보고 내용과 도지사의 반응을 듣고, 기록하고, 또 녹음 파일을 틀어 다시 확인하는 일이 하나의 루틴처럼 반복되었다. 그 과정에서 나는 어느 누구보다 안희정 지사의 생각을 가장 잘 알게 되었다. 도지사의 시각에서 도정을 바라보고, 내밀한 부분들까지 배울 수 있는 시간들이었다. 행정과 정치를 이해하는 데 큰 도움을 받았다.

내게 안 지사의 다른 업무 지시가 많아지자 자연스레 접견 기록만을 담당하는 직원을 새로 뽑아 나를 대체해야 한다는 주장들이 나왔다. 일반 공무원들도 정무직 직원보다는 자신들의 편의를 봐줄 행정직 직원이 기록 담당 업무를 맡기를 바랐다. 결국 후임으로 행정직 6급 직원이 내정되었다. 반복되는 일정은 행정직 직원이 기록하게 되었지만, 중요한 일정들에는 언제든 배석해서 기록할 수 있는 프리패스권이 내게 부여됐다. 지속적인 메시지 관리가 필요하다는 안 지사의 지시에 따라서였다.

도지사의 의도를 충분히 안 상태에서 내가 작성한 보고서는 대부분 안 지사의 구미에 맞는 내용들이었다. 반응도 좋았다. 그중 당시 안 지사의 가장 큰 관심사는 박정희, 노무현 전 대통령이었다. 빨갱이로 몰렸던 박정희 전 대통령이 그 공격을 극복하기 위해 더 극심한 반공주의자가 되는 과정, 그리고 노무현 전 대통령이 개혁을 성공시키지 못한 이유에 대해 천착하고 있었다. 안 지사는 평소 박정희와 노무현을 뛰어넘고 싶다고 말해왔고, 그래서 더욱더 두 사람을 연구하기를 바랐다. 보고서 중 상당 부분이 이 두 전 대통령에 대한 것들이었다.

이후 정무직들의 공식적인 모임 장소에서 안 지사는 나를 공개적으로 불러내어 칭찬했다.

"요즘 문상철 씨가 써주는 보고서 보는 재미가 쏠쏠합니다. 상철 씨! 고생해줘서 고맙습니다."

짧은 소개였지만, 안 지사가 공개적인 신뢰를 내게 보이자 다른 정무직 선배들 역시 나를 인정해주기 시작했다. 정무직들의 커뮤니티 밴드에 처음 초대되었다. 입사 후 수개월이 지난 시점이었다. 밴드에는 안 지사의 평소 고민을 담은 글도 있었고, 다양한 모임의 공지성 글들도 많았다. 그들만의 온라인 커뮤니티에 들어가며 드디어 내부자가 되었다. 권력은 결국 권력자와의 가까운 거리에서 비롯된다는 걸 알게 되었다.

80년대 동아리 같은
안희정 조직의 문화

조직의 일원으로 인정받자 새롭게 접한 안희정 조직의 문화들이 많았다. 도청에 출입하는 기자들은 안 지사 참모 그룹의 특징을 보며 80년대 동아리 조직 같다고 평하기도 했다. 학생운동과 선거로 철저하게 검증된 친분 관계, 술로 매일매일 서로를 확인하는 음주 문화, 그리고 조직 구성원의 문제는 철저히 감싸주고 외부에는 배타적인 문화들이 가장 대표적인 모습들이었다.

호형호제하는 가족 공동체 문화

정무직 선배들은 업무의 직급이나 직책보다 개인적인 관계를 선호하는 분위기였다. 나보다 스무 살이 많은 선배도 내게 와서 자신을 '형'이라 부르라고 했다. 실제로 정무직들 사이에서 그 정도 차이는 아무렇지 않게 '형', '누나'의 호칭으로 불렸다. 업무로 맺어진 관계였지만 마치 피를 나눈 형제로 인식하기를 원했다. 유명한 일부 정치인들에 대해서도 "○○형? 내가 잘 알지!"라는 말 한마디면 모든 관계가 정리되었다. 호형호제는 서로 간의 친밀함을 과시하거나 비밀을 공유할 때 특히 효과적이었다. 이와 반대로 호형호제를 하지 않는 외부인들에게는 극도의 배타성을 보였다.

　나이와 직급을 떠나 모두가 '안희정'이라는 아버지를 필두로 형, 동생으로 구성된 가족 공동체 같았다. 안 지사는 평소에도 '가문'이라는 말을 많이 사용했다. "노무현 가문의 가풍에는 그런 일이 없다", "노무현 가문 출신들은 다르다", "안희정 집안을 일궈야 한다"는 표현을 빈번하게 썼다. 이 습관은 안 지사의 참모들에게도 이어져 '안희정 가문', '안희정 집안'이라는 단어를 많이 사용했다. 가문 안에서 모두가 하나로 얽혀 있음을 인정해주는 '형, 동생'의 호칭은 이 공동체 안에 들어와 있다는 안락감을 서로에게 주었고, 호칭을 사용할 수 없는 사람들은 자연스레 외부로 밀려났다.

새롭게 들어오는 후배들에게 나를 형이라 부르라고 강요하지 않았다. 직책을 붙여 불러주는 게 조금 더 마음이 편했다. 그러나 후배들이 직책을 붙여 부르자 다른 선배들이 따로 후배와 나를 불러 나무라는 일도 있었다. 왜 우리 공동체 안에서 너희들끼리 거리를 두느냐는 이야기였다. 호형호제는 선택 사항이 아니라 정무직 내에서 서로의 패밀리십을 확인하는 필수의 암구호 같았다.

술로 맺어진 끈끈한 관계 중심 문화

도지사 비서실 사람들은 매일 다른 부서원들과 술 약속을 잡았다. 안 지사는 자신의 참모들이 다양한 사람들과 술자리를 갖는 것을 장려했다. 그는 대부분의 일은 회의장이 아니라 친밀한 교류와 관계 속에서 해결된다고 생각했다.

회식은 주로 비서실 대 도청 각 부서, 산하기관, 도청 금고 은행 등과 이루어졌다. 원활한 업무 협력을 위한 만남이라며 약속이 줄을 이었다. 축산과 사람들과 회식을 하면 한우, 수산과 사람들과 하면 제철 해산물, 임업과와 하면 귀한 산열매들이 나왔다. 다른 기관들과의 회식도 대부분 값비싼 음식이 마련된 식당에서 진행됐다.

도지사와 가장 가까운, 도청 내 가장 힘 있는 부서인 비서실과의 회식은 다른 부서 사람들에게 매우 중요한 일정이었다. 부서의 책임자들은 회식 중 적극적으로 자신을 어필했다. 예를 들어 은행들은 도청 기금을 운용하는 금고 지정을 받기 위해, 산하기관장들은 자신의 기관에 조금 더 많은 예산 배정을 받기 위해 적극적으로 친밀한 관계를 만들어 나갔다. 20명 내외의 참석자들이 모두 폭탄주 한 잔씩을 만들어 스무 잔 정도로 한 순배가 돌면 서로가 친밀한 분위기 속에서 얼싸안고 떠들며 본격적인 회식이 진행되었다. 대부분의 회식은 매번 모두가 만취한 상태에서야 끝이 났다.

다른 부서와의 회식이 없는 날에는 586 선배들을 중심으로 도청 앞 주막집 같은 곳에 모여 술을 마셨다. 대전의 충남도청 앞에는 민속 주점이 많았다. 선배들의 지난 민주항쟁 시절 이야기가 한참 이어지다가 마무리는 김광석 노래를 부르며 끝이 났다. 무용담은 매번 똑같았지만 선배들은 처음 이야기하는 양 말했고, 후배들은 처음 듣는 것처럼 들었다. 사상 교육을 받는 듯한 느낌이었다. 술자리는 상대 구성원들만 바뀌며 매일 똑같이 이어졌다.

이익의 사유화, 손실의 사회화

회식이 끝나면 선배들은 모두 도청으로 몰려갔다. 초과 수당을 찍으러 간다고 했다. 지문 또는 손의 정맥을 인식하는 기계에 손을 가져다 대야 개인 인증이 되었기에 찍는다는 표현을 썼다. 한 달에 57시간까지 초과 수당을 인정하는데, 월초부터 부지런히 찍어야 다 채울 수 있다고 했다.

당시 공무원들 중 상당수가 자신의 일이 없어도 꼭 아침과 밤에 초과 근무를 찍었다. 매월 초에는 술을 마시고 휘청거리면서도 도청에 다시 들어오는 공무원들을 심심치 않게 볼 수 있었다. 상대적으로 월말이 되면 대부분이 초과 수당을 다 채웠기에 도청의 저녁은 한산했다.

다른 지역 출장을 갈 때면 팀장은 팀 내 막내에게 차를 가져오게 하고, 사무실에 남아 출장을 가지 않는 직원의 이름도 출장자 명단에 올렸다. 출장에 실제 소요되는 유류비와 통행료 등의 실비는 막내가 출장비로 부담하게 하고, 팀장에게 나오는 출장비는 팀장이 직접 챙겼다. 출장을 가지 않는 다른 직원의 출장비는 팀비로 차곡차곡 모아 팀 회식이나 팀장의 추가 활동비로 사용했다. 일명 '계비'라고 불렀다. 차를 가져오고 운전하는 건 매번 막내인 나의 몫이었고, 팀장은 꽤 많은 출장비를 모아갔다.

공무원 조직의 여러 팀이 이런 꼼수를 쓰고 있었다. 정무직들도 어느새 이 방법을 배워 모두 같은 방식의 꼼수를 사용했다. 이익은 사유화하고, 손실은 사회화하는 일이 반복되었다.

정무직 선배들은 일부 공무원들의 복지부동과 비리를 지적하면서도 점차 그들과 닮아가거나 더 다양한 요령을 구사했다. 도청 문화를 바꾸겠다고 호기롭게 달려들던 사람들은 점차 사라져갔고, 닮아가기 시작했다.

안희정 지사를 둘러싼 정무 조직은 오랫동안 안 지사와 관계를 가져온 편한 사람들을 기반으로 형성되었다. 형, 동생으로서 안 지사가 야인일 때부터 함께하던 사람들이었다. 관계를 떠나 중량감 있게 업무를 추진할 수 있는 사람들은 많지 않았다. 도지사 초기 기존의 정무부지사가 총선 출마로 인해 도청을 나가고 두 번째 정무부지사를 임명해야 할 때 안 지사는 관료 출신인 인사를 정무부지사에 임명했다. 정무 업무를 맡는 만큼 정치권과 관련된 사람을 임명해 도의회와의 관계를 풀어가던 관례를 벗어나 직전까지 관료로 있던 인사를 임명한 것이었다. 그러자 언론으로부터 도지사가 관료 권력에 의해 매몰되는 것이 아닌가 하는 우려를 받기도 했다. 관료 출신 인사로 조직의 안정을 꾀할 수는 있겠지만, 정작 관료 사회의 조직 논리에 함몰되면 혁신을 할 수 없을 것이라는 주장이었다. 그만큼 도정 초기 안 지사의 인재풀에는 한계가 있었다.

자신의 참모 그룹이 동아리 조직 같다고 평가받는다는 사실을 안 지사 역시 잘 알고 있었다. 지역 언론인들과 술자리를 할 때면 참모 그룹의 한계에 대해 이야기 듣는 일이 다반사였다. 이런 평가를 반복해서 듣자 안 지사는 점점 더 '과거와의 작별', '아듀 20세기'라는 화두를 공개적으로 말했다. 과거부터 이어져오던 관계, 예전에 해오던 방식만으로는 결코 새로운 시대를 열 수 없을 것이라는 연설도 뒤따랐다.

이와 같은 표현 이후에 점차 오랫동안 친소 관계로 맺어오던 참모들을 하나둘씩 산하단체나 외곽 기관으로 밀어냈다. 안 지사는 이 빈자리를 공부와 숫자에 기반한 페이퍼를 쓸 수 있는 사람들로 대체해 나가기를 원했다. 안 지사의 개혁과 혁신은 가장 가까운 참모 그룹으로부터 시작되고 있었다.

2장

정치의 본질

함께 배우고 성장하다

배경의 정치:
봉하의 스타 안희정

안 지사는 노무현 대통령의 기일이면 전날 봉하로 내려가 대통령의 최측근이던 소수의 참모들과 함께 제사를 지냈다. 과거와의 작별을 말하며 노무현 대통령의 기일 역시 3년까지만 챙기자는 탈상 주장을 했지만, 자기 자신은 누구보다 노무현 대통령의 기일을 소중히 여겼다. 노무현을 놓아드리자는 말은 노무현을 이용하는 정치 세력들에게 하는 경고에 더 가까웠다.

봉하 사저에서 하는 제사에는 고위직보다는 주로 부속실에서 일했거나 노무현 대통령과 깊은 관계를 가지고 있던 극소수만이 참석할 수 있었다. 나는 매년 안 지사와 함께 봉하에 내려갔다. 평소 노무현 대통령을 존경하던 내게 안 지사와 함께 봉하에 가는 일은 마치 성지순례와 같았다. 비현실적인 일이었고, 꿈같은 일이었다.

안 지사는 늘 권양숙 여사에게 극진한 대우를 받았다. 봉하

사저에서 일하는 비서관들도 안 지사를 마음으로 존중했고, 우대했다. 더불어 안 지사와 함께 간 우리 수행원들도 살뜰히 챙겨주었다. 제사를 지내기 위해 안 지사와 몇몇 참모들이 제사 공간으로 이동하면 권양숙 여사가 제공한 문어숙회와 음식들을 경호실장과 사저 직원 몇몇 분이 내어왔다. 제사를 지내는 동안 우리는 사저 직원들과 함께 사무실 내 곳곳에 앉아 막걸리와 음식들을 나눠 먹었다. 함께 둘러앉아 먹는 모습은 마치 명절에 친척들이 모여 어울리는 모습같이 따뜻하고 정겨웠다. 추모를 위한 자리였기에 낮게 읊조리는 목소리로 조용히 대화를 나눴다. 제사가 끝나고도 한참의 시간이 지나서야 자리는 끝이 났다. 모두가 노무현 대통령의 과거를 회상했고, 서로의 현재를 담담하게 나누었다. 그 자리에 정치는 없었다.

다음 날 공식 기일이 되면 분위기가 많이 바뀌었다. 청와대에 근무했던 비서관들부터 먼발치에서 혜택을 받아 공공기관 감사를 했던 사람들, 순수하게 추모를 원하는 시민들까지 다양한 사람들이 한자리에 모였다. 봉하는 북적였고, 정치는 이때부터 시작됐다. 서로의 안부를 묻고, 좋은 자리에 있는 사람들에게는 인사 요청과 민원을 나누는 등 거래의 장이 크게 열렸다. 이 자리를 이용해 실제로 혜택을 받은 사람들도 꽤 많았다.

다른 한편에서는 봉하에 있는 자신의 사진을 여러 장 찍어 SNS에 자랑하듯 올리는 정치인들도 많았다. 핫플레이스에 와있는 유명인의 느낌을 과시하고 싶은 것만 같았다. 진중한 슬픔보다 생존을 위한 가벼운 몸부림들이 쉬지 않고 곳곳에서 이어졌다.

공식 행사에서도 안 지사는 노무현 대통령의 정치적 장자의 대우를 받았다. 정치권의 원로들도 안 지사를 각별히 아꼈고, 안 지사를 만날 때마다 말했다.

"안 지사 잘 준비하고 있지? 기대하네."

안 지사 역시 스스로가 누리는 위치를 그 누구보다 잘 알고 있었다. 이들에게 안희정은 이미 다음 대통령으로 낙점받은 것만 같았다. 시기의 문제일 뿐이라고 모두가 말했다. 안 지사 또한 도정을 성공시킨 이후 국정을 운영하겠다는 강한 포부를 가지고 있었다. 김대중, 노무현의 미완의 역사를 완성하겠다는 연설은 늘 고정 메시지였다.

생각하는 정치:
정치는 생각으로부터 나온다

결재 서류를 없애다

2011년 12월, 안희정 지사가 임기를 시작한 지 1년 6개월이 지났을 무렵이다. 도지사 집무실 앞에는 항상 결재 서류를 들고 서 있는 도청 실·국장들의 줄이 길었다. 부서 책임자와 담당 과장, 사무관까지 여러 명이 한 팀으로 왔기에 비서실 앞은 늘 사람들로 북적였다. 도지사가 외부 일정을 마치고 돌아온 직후에도 잠깐의 쉴 틈도 없이 금세 결재 받으려는 줄이 길게 만들어지기도 했다. 일정을 담당하는 비서관이 도지사가 도청에 나왔다는 사실을 각 실국에 공유해주면 그 소식을 듣고 결재를 받고자 하는 직원들이 비서실로 모여들었다.

도지사는 내용도 모른 채 순서대로 들어오는 국장들의 간단한 설명만 듣고 사인을 해야 했다. 안 지사는 내용 파악이 전혀 안 되어 있는 상황에서 나이든 실·국장들이 다짜고짜 가져오는 결재판에 굉장히 불편해했다. 앞에서는 말하지 않았지만, 보고자가 나가고 나면 꼭 한마디씩 했다.

"내가 허수아빈가? 판에 놓인 말 같다. 장기말!"

그러던 어느 날 한 부서의 국장과 안 지사 간에 짧은 언쟁이 있었다. 지사는 아직 내용 파악이 안 되었으니 두고 가면 검토한 후에 결재를 하겠다고 했고, 담당 국장은 빠른 업무 추진을 위해 오늘 바로 해주셨으면 좋겠다고 버텼다. 언성은 높아지지 않았지만 둘 간의 팽팽한 대화로 인해 긴장감이 집무실을 에워쌌다.

결국 안 지사는 국장의 고집을 꺾지 못해 그 자리에서 결재해주었고, 담당 국장은 기가 살아 돌아갔다. 결재를 한 안 지사는 일정 담당 비서관을 바로 불러 언성 높여 지시했다.

"앞으로 당분간은 대면 결재 없습니다. 알겠죠? 어떤 결재 받을지 미리 내게 물어본 다음에 실국에 연락하세요. 이렇게 무작정 오게 하지 말고!"

그 이후 도지사실 앞의 분주한 풍경은 사라졌다. 대부분의 결재는 전자결재로 대체됐다. 민선 5기 도정 초창기부터 충청남도는 참여정부의 이지원(e-知園) 시스템을 본뜬 프로그램을 만들어왔고, 프로그램이 안정화되자 대부분의 보고와 결재는 온라인을 통해 이루어졌다. 그 과정에서 무조건 오프라인 결재로 받아야 한다고 주장하는 공직자들이 간혹 있었지만, 이 일을 계기로 대부분의 대면 보고가 온라인 보고로 대체되었다. 안희정 지사 취임 이후 도청의 가장 눈에 띄는 변화였다. 그럴듯한 잠깐의 보고와 꾸밈으로 보고를 하는 방식은 막을 내렸다.

보고 내용 하나하나가 내부 포털 시스템에 기록으로 남았고, 도지사의 메모와 의견도 결재 내용에 포함되었다. 의사결정 과정이 온라인에 영구적으로 남기 때문에 보고와 결정을 하는 사람들 모두 보다 더 신중해질 수밖에 없었다.

안 지사는 취임 직후부터 실·국장들의 오랜 관록에서 나오는 대면 보고의 압박을 온라인으로 밀어냄으로써 도정의 주도권을 점차 잡아가기 시작했다. 아무 일 없이 집무실에서 생각만 할 수 있는 시간이 점차 많아졌고, 그와 동시에 외부 행사도 줄이기 시작했다. 도청 내외부에서 도지사를 만나기 힘들다는 볼멘소리들이 많아졌지만, 상대적으로 도정을 대하는 안 지사의 태도에는 점차 여유가 생겼다.

전화기를 없애다

회의 중에도 수시로 전화를 받거나 메시지를 주고받는 국회의원들을 보며 안 지사는 말했다.

"저렇게 온갖 전화 다 받다가 자기 생각은 언제 하나? 나는 저렇게는 안 할란다."

문제의식을 갖기 시작한 2012년 여름 새로운 전화기를 개통하며 안 지사는 자신의 개인 전화번호를 더 이상 외부에 공개하지 않았다. 대통령실에서부터 자신의 측근들에게까지 수행비서의 전화번호를 공유했다. 평소 자신의 핸드폰도 착신전환을 걸어 수행비서 전화로 돌려놨다가 때때로 필요에 의해 잠시 푸는 일을 반복했다.

개인 번호인 줄 알고 전화했는데 왜 수행비서가 전화를 받느냐며 불쾌해하는 국회의원들, 한밤중에 개인 번호를 내놓으라고 다그치는 고위직 인사들도 많았다. '안 지사는 자기 전화번호도 공유하지 않아 콧대만 높고 이상하다'는 이야기가 많이 돌았다. 심지어 전화를 거는 일도 직접 하지 않고, 수행비서의 전화기로 전화를 걸도록 했다.

일부 참모들은 대통령실을 포함한 주요 정치인들에게만큼은 안 지사 개인 번호를 공유하라고 조언했다. 그러나 안 지사는 기존 방식을 고수하며 알려주기를 거부했다. 일정과 회의 중에 전화에 시달리지 않는 것 이외에도 개인적인 부탁과 감정에 호소하는 연락들에 스스로 에너지를 소모하지 않아 좋다고 말했다. 도정을 운영하는 컨디션에도 이 방식은 큰 영향을 미쳤다.

대신 수행비서의 업무 시간은 24시간으로 확대되었다. 안 지사의 전화를 포함한 외부에서 걸려오는 단 한 통의 전화 누락이라도 있는 날에는 불같은 화가 내려왔다. 전화를 한 사람이 대통령실 관계자이거나 직위가 높은 사람일수록 일자리를 내놔야 할 정도로 혼이 났다. 나 또한 전화를 놓치지 않기 위해 항상 전화기를 손에 든 채 수시로 확인해야 했다. 샤워를 할 때도 전화기를 방수팩에 넣어 다니기도 했다.

공부하는 정치:
좋은 정치에는 공부가 필요하다

같이 공부하는 사람이 나의 진짜 동지

도정을 운영하는 데 시간적 여유가 생기자 안 지사는 다음을 고민했다. 2012년 1월 어느 날, 안 지사와 참모들이 모두 모인 자리에서 몇몇 사람이 안 지사에게 2012년 대권 도전을 제안했다. 설령 안 되더라도 이번에 이름값을 제대로 올려놓아야 다음을 노려볼 수 있다는 논리였다. 한참을 아무 말 없이 듣던 안 지사가 언성을 높여 말했다.

"그래. 여러분 말대로 내가 지금 당장 선거에 나가서 당선이 되면 장관은 누가 할 건가? 준비해둔 섀도캐비닛은 있나? 나는 참여정부 때 아무런 공직을 맡지 못해서 국정에 대해 아는 게 별로 없네. 근데 자네들은 그동안 공부는 해왔어? 정권 잡으면 어떤 정책을 하고 싶은데?"

당시 비서실장으로 있던 조승래 씨를 포함해 아무도 제대로 된 답을 내놓지 못했다.

"대권 제안을 하려면 준비를 좀 하고 말해야지. 이런 식으로 출마를 권유하는 건 불구덩이 속으로 나를 떠미는 것밖에 안 돼. 이번에 해서 안 되면 차차기 노린다? 난 그럴 생각 없어. 그냥 자네들은 우회상장하려고 하는 거 아닌가? 나랑 나갔다가 여차하면 다른 캠프로 갈아타려고? 우리가 지금 여기서 대한민국 미래를 만들고, 그다음에 선거를 준비해야지 지금처럼 준비도 안 된 상태에서 벌써 그런 말 나오면 내게는 더 좋지 않아. 그리고 내가 여러 번 같이 공부하자고 말하지 않았나? 왜 준비하는 사람이 아무도 없어? 자네들은 배울 생각은 안 하고 만날 떠들기만 해. 오늘 분명히 말하겠는데, 앞으로는 나와 같이 공부하는 사람이 나의 진짜 동지가 될 거야. 우선 준비를 좀 하고 그다음에 제대로 논의하세."

작심한 듯 쏟아내는 안 지사의 단호한 말들이 끝나자 대권에 대해서는 더 이상 아무도 말하지 못했다. 안 지사는 공개적인 장소에서 늘 젠틀하게 보이고 싶어 했기 때문에 회의 중에 대놓고 화를 내는 경우는 많지 않았다. 모두를 향한 공개적인 꾸중은 이례적인 일이었다. 그날의 심각한 저녁 자리는 맥주 몇 잔을 나누어 마시고 서둘러 끝났다.

모임을 마치고 돌아가는데 "나와 같이 공부하는 사람이 나의 진짜 동지가 될 거야!"라는 말이 계속 뇌리를 떠돌았다. 그 공부를 내가 한번 기획해보고 싶었다. 참여정부의 지난 정책을 복기하고 새로운 미래를 여는 배움이라니, 너무나 설레게

다가왔다. '대통령을 만드는 공부'라고 생각했다. 그 후 아무도 시키지 않았지만 공부 계획을 홀로 세우기 시작했다. 참여정부의 장·차관, 비서관, 자문위원 명단을 구해 분야별로 나눠 그중 설화나 문제가 있는 사람들을 골라냈다. 더불어 주요 일간지에 좋은 칼럼을 기고하는 전문가들을 찾아 이름과 소속, 전공을 적어 내려갔다. 이런 작업을 두 달에 걸쳐 하자 200여 명 가까운 강사 리스트가 준비되었다.

2012년 4월 4일, 공부할 분야와 세부 주제, 강사가 포함된 공부 계획안을 안 지사에게 보고했다. 안 지사는 매우 기뻐했다.

"그동안 여러 번 공부하고 싶다고 해서 보고도 받아봤는데, 너무 추상적인 내용들뿐이었네. 근데 이 안은 실효성 있어 보여. 나는 참여정부 때 아무 일도 하지 못해서 솔직히 대통령님 정책에 대해 아는 게 별로 없네. 이 학습은 앞으로 자네가 책임지고 추진해보게."

안 지사는 내게 학습에 필요한 기획과 추진의 실무를 맡겼다. 이후 공부는 이러한 과정을 거쳐 진행했다.

사전에 만들어놓은 리스트의 강사에게 전화를 걸어 안희정 지사 비서실이라고 밝히고, 안 지사가 공부를 하고 싶은데 참여정부 시절 정책과 선생님께서 원하시는 주제 두 가지로 방향을 잡아 가르쳐달라고 요청했다. 강사에 따라서는 처음부터 호의적으로 오겠다고 하는 사람부터 곤란할 것 같다고 에둘러 거절하는 사람, 하기 싫다고 불쾌감을 표하는 사람들까지 반응은 다양했다. 거절 의사를 밝힌 사람들 중 꼭 모셔야겠다고 생각하는 강사들에게는 다시 여러 차례 부탁 요청을 드리고, 그래도 안 될 경우에는 직접 찾아가기도 했다.

그렇게 주제와 날짜가 확정되면 강사가 서울에서 대전(도청 이전 후에는 홍성)으로 내려오는 날 기차역에 도청 의전실의 운전 담당 직원을 대동하여 나가 극진히 모시고 왔다. 최대한 예우를 갖춰 모시는 과정을 통해 강사에게 안 지사의 의지와 관심을 보여주기도 했다. 이후 도지사 집무실에서 두 시간 정도 공부를 진행했고, 학습 내용은 따로 정리하여 다시 안 지사에게 리뷰용으로 보고했다.

강사들의 성향은 다양했다. 스스로를 낮추며 겸손하게 강의를 하는 선생님부터 세상 모든 지식을 다 아는 양 잘난 척하며 강의하는 사람들까지 다채로웠다. 공통적으로 겸손하게 강의를 했던 분들보다 '내게는 답이 있다. 내가 다 안다. 좋은 정책은 다 내게 있다'며 잘난 척했던 분들이 이후 진보 정권에서 상대적으로 더 많이 관직에 오르는 걸 보기도 했다. 스스로를 잘 내세웠던 강사들은 대체로 풍부한 지식과 새로운 관점을 제공하기보다 학습자로 앉아 있는 권력자의 성향에 맞춘 말들을 많이 쏟아냈다. 학자보다는 정무 감각이 뛰어난 정치인에 가까워 보였다. 강의를 듣다 보면 부동산 문제에서 시작해 복지에 이르기까지 국가 현안들을 모두 금세 해결할 수 있을 것만 같았다. 이들 중 상당수가 이후 문재인 정부의 장·차관들이 되거나 중요한 자문을 하는 자리에 올랐다.

특히 그중에는 안 지사의 외교안보 멘토가 되어주겠다며

확신을 준 후, 자신의 국내외 주변 인사들을 초청한 콘퍼런스의 개최 비용을 충남도청에서 내게끔 한 경우도 있었다. 정작이 강사는 충남도청으로부터 여러 지원을 받아 자신의 연구 사업을 진행했음에도 불구하고 이후 대선 후보 경선 국면에서 문재인 후보가 유리해지자 바로 지지 후보를 옮겨 안 지사에게 많은 박탈감을 안겨주기도 했다. 개인적으로 공부 모임은 많은 지식을 가르쳐주기도 했지만, 한편으로는 지식인이 얼마나 형해화될 수 있는지도 알려주었다.

공부를 하면서 안 지사는 참여정부 시절 국정에 참여하지 못한 일을 매번 아쉬워했다. '대통령의 공부'는 결핍을 채워 나가는 시간이었다.

대통령을 만드는 공부 모임

공부 모임은 2012년 봄부터 2016년 겨울, 제19대 대통령 후보를 위한 민주당 내 경선 시즌이 시작될 때까지 4년여를 쉼없이 진행했다. 안 지사와 나, 그리고 발제자를 기본 참석자로 하고, 주제에 따라 두세 명 정도 추가되는 소규모 학습이 많았다. 때에 따라서는 도청의 공무원까지 참여를 확대해 대규모 학습을 진행하기도 했다.

학습은 2012년부터 초반 2년간 가장 집중적으로 이뤄졌고, 전반기가 역대 정부 특히 참여정부의 정책을 학습하는 과정이었다면 후반기는 미래 비전에 대한 공부로 나뉘었다. 대선이 다가오자 이 학습 모임 이외에도 다양한 학자와 여러 참모들이 주관하는 공부 모임들이 속속 생겨났다.

정책과 관련한 안 지사의 꾸준한 공부는 도정에도 큰 도움이 되었다. 세계정세와 국정의 흐름을 파악하고, 세부 내용을 분석하는 공부를 했기에 하위 개념으로서 도정이 어떻게 선제적으로 움직여야 하는지에 대해 공직자들도 예측할 수 있었다. 이때부터 도정의 슬로건 중 하나가 '대한민국을 이끄는 충남도정'이 되었고, 도청의 공직자들도 자신감과 자부심을 가지고 정책을 주도적으로 추진하기 시작했다.

발제자와 토론자에게 양해를 구하고 학습 내용을 녹음했다. 도정을 기록하는 과정의 연속선상이었다. 공부 중에 태블릿으로 기록을 했고, 공부를 마치면 다시 녹음 파일을 여러 번 들으며 한 글자 한 글자를 놓치지 않고 활자로 풀어냈다. 처음 들을 때는 도통 무슨 내용인지 이해하지 못했던 발제들도 녹음 파일을 7~8번 반복해서 들으며 단어를 찾고, 잘못된 통계를 바로잡아 기록하면서 점차 공부 내용을 이해할 수 있게 되었다.

활자로 정리한 공부의 기록을 중간중간 책 형태로 정리하여 '안희정의 공부'라는 제목을 붙여 지사에게 전달했다. 이 책을 받은 안 지사는 주변에 자신이 이렇게 열심히 공부하고 있다며 종종 자랑했다.

한번은 충남의 한 국회의원이 그 인쇄물을 읽고는, 한 발제자에게 잘 배웠다며 직접 전화를 한 일이 있었다. 이후 경제 학습을 진행하던 이 발제자는 내게 전화를 걸어 자신은 애초에 비공개로 공부를 한다기에 참여한 학습이었는데, 이렇게 이 사람 저 사람에게 기록이 돌아다니는 사실이 몹시 불쾌하다며 이제 더 이상은 학습에 참여하지 않겠다고 말했다. 한참을 설득하고 사정한 끝에 겨우 공부를 이어갈 수 있었다.

안 지사도 이 사실을 알게 되었고, 이후의 공부 모임은 더 폐쇄적으로 운영되었다. 안 지사와 발제자, 기록자인 나까지 세 명만 참여하는 학습이 더 많아졌고, 공부 기록은 소수를 제외한 다른 사람들에게는 더 이상 공유하지 않았다.

글 쓰는 정치:
정치는 페이퍼가 기본이다

공부 모임이 잘 진행되자 안희정 지사는 점차 도정에 자신감을 갖게 되었다. 공부 모임을 진행하는 나에 대한 신뢰도 높아졌다. 안 지사의 관심과 믿음이 높아지자 그동안 내게 사수 역할을 해주던 선배가 어느 날 나를 따로 불러내 말했다.

"네가 나서면 안 돼. 선배들 다 있고, 계통이라는 게 있는데 너 요즘 눈에 너무 띄어. 처신은 알아서 좀 하자. 문배려답게 응?"

나지막하지만 강력한 경고였다. 어제까지 호형호제를 강조한 선배였지만, 자신의 위치가 위협받는 것처럼 느껴지자 상사와 부하의 위계를 꺼내 들었다. 우리가 공무원 같은 관료

제 조직은 아니니까 자신 있고 자유롭게 일하라고 했던 사람들 중 한 명이었다. 지적을 듣고 주눅이 들 수밖에 없었다.

평소 인트라넷(내부 행정포털)에서 도지사에게 보고를 하면 안 지사가 댓글을 달아 내게 지시 사항을 전달하고, 거기에 내가 바로 답을 함으로써 업무가 추진되었다. 그러나 선배의 지적 이후 안 지사가 댓글을 달아 지시 사항을 작성해도 내가 바로 답할 수 없었다. 선배들이 먼저 댓글 달기를 기다렸다가 움직여야 했다. 회의 중 나를 향해 안 지사가 직접 뭔가를 지시해도 다른 선배들을 쳐다본 후 대답하게 되었다. 선배들이 경고하며 요구한 지휘 계통을 무시할 수는 없었다.

이런 모습을 여러 차례 목격한 안 지사가 어느 날 나를 따로 불러 동자승 이야기를 꺼냈다.

"옛날에 어느 절의 주지 스님이 동자승을 유독 예뻐하니까 나이 많은 형들이 동자승을 따로 불러내어 죽였네. 자기들을 제치고 후계자가 될 걸 두려워해서였겠지. 정치권에도 그런 일은 비일비재해. 예전에 나도 노무현 대통령 모실 때 그랬네. 선거캠프에서 사이가 좋지 않은 사람들이 많았어. 캠프에서 이런 일도 있었지. 노무현 대통령께서 대선 기간 동안 본인이 한창 아끼던 참모를 청와대에 데리고 가고 싶어 하셨는데 주변에서 반대가 극심했어. 그러다가 결국 대통령께서 '내가 내 마음대로 사람 하나 못 쓰냐'고 화내시며 폭발하셨고. 그래도 결국 주변 이야기를 듣고는 그 사람을 더 중용하지는 못했네. 실력을 떠나서 캠프 내에 세 싸움이라는 것도 많았으니까. 어쩔 수 없이 그쪽 손을 들어주신 거지. 자네가 뛰어나다는 거 나는 잘 알고 있네. 이제는 자네 주변 사람들에게도 점수를 따보게. 어렵지는 않을 거야. 그리고 이건 같지만 다른 이야기일 수 있는데, 정치권에서 진짜 참모와 정치 양아치를 어떻게 구별하는 줄 아나? 바로 '페이퍼를 만들 수 있느냐'야. 어떤 내용이든 보고할 내용을 흰색 종이에 활자로 정리할 줄 아느냐 모르느냐가 그 기준이지. 정치 양아치가 안 되려면 이 페이퍼를 쓸 줄 알아야 해. 내 주변을 잘 둘러보게. 대부분 말로만 그럴듯하게 이야기하고, 보고서 한 장 못 쓰는 사람들이 수두룩하지? 그들도 내게는 소중한 동지들이지만, 진짜 참모라고 할 수는 없네. 그게 뭐든 지금처럼 꾸준히 페이퍼로 정리하는 일을 더 집중해서 해보게. 이제부터는 공개적으로 인정받는 일보다 자네 스스로의 내실을 좀 더 기해보고!"

안 지사는 내가 선배들의 견제 속에서 주눅 들어 있다는 사실을 잘 알고 있었다. 안 지사 역시 참모 출신이었기에 누구보다 조직 내부의 생리를 이해하고 있었다. 배려해주고 조언해주는 부분에 대해 마음 깊이 고마웠다. 이후 안 지사는 스태프들에게 페이퍼를 더 많이 요구했다. 기존처럼 말로만 보고하지 말고, 보고하고자 하는 내용을 되도록 문서로 작성해 오도록 지시했다. 문서 없이 말로만 보고하는 참모들에게는 지적을 하기도 했다. 이때부터 안 지사는 자신과 오래갈 팀, 페이퍼를 만들 줄 아는 사람들을 중용하기 시작했다.

정책을 만드는 정치:
정치가 정책을 바꾼다

국가 정책과 세계 흐름에 대한 몇 년간의 집중적인 공부는 도정을 이끄는 안 지사뿐만 아니라 충남도청 주요 공직자들에게도 자신감을 심어주었다. 중간중간 대규모로 진행한 학습이나 관계 연구 기관과의 세미나를 통해 도청의 고위 공직자들은 국가 정책을 담당하는 책임자들과 인연을 맺게 되었다. 그렇게 맺은 인연을 통해 도청에서는 국가의 주요 정책 정보와 방향성 등을 선제적으로 알 수 있었다.

반복되는 학습과 선제적인 정보가 합쳐지자 도청의 공무원들은 더 이상 중앙정부에서 내려오는 지침을 수동적으로 따르기만 하지 않았다. 그 취지에 대해 충분히 이해를 하고 있었기 때문에 한 단계 더 나아간 역제안을 하기에 이르렀다.

예를 들어 안희정 지사는 도정을 운영하면서 기록과 공개를 굉장히 중요시했고, 학습을 통해서도 전 세계적인 트렌드가 행정 정보의 공유라는 사실을 알게 됐다. 이런 철학을 바탕으로 충남도는 2013년 6월부터 홈페이지에 도의 재정수입과 지출 내역을 실시간으로 공개하기 시작했다. 재정의 실시간 공개에 대해 국회에서도 관심을 갖기 시작했고, 지방재정법이 개정되어 다른 지자체에서도 지방자치단체장이 해당 지자체의 세입, 세출 예산 운용 상황을 홈페이지를 통해 공개하도록 했다. 이러한 조치는 지방정부의 투명성과 신뢰도를 향상시키는 데 크게 이바지하였고, 중앙정부의 각 기관들도 재정 상황을 실시간 공유하도록 하는 국가재정법 개정안을 정부에 제안하는 데까지 이어졌다.

또한 복지 관련 학습을 통해 우리나라 복지제도가 워낙 광범위하여 정작 수요자가 정보에 제대로 접근하지 못한다는 사실도 알게 됐다. 지방정부의 운영자로서 복지 담당 공무원들의 업무 또한 과도하다는 것을 알고 있던 상황에서 이러한 지식과 경험은 복지서비스를 조금 더 일원화, 단순화하는 제도들을 만들어내는 데 도움을 주었다. 복지서비스 신청이 어려운 일부 국민에 한해 정보 주체의 동의 없이 복지와 관련된 개인 정보를 지방정부에 제공하여 공공요금을 할인해주거나 지원금을 운영기관이 직권으로 대신 신청하도록 하는 제도를 마련했다.

이외에도 농업 보조금의 가짓수를 줄이고 금액을 높이는 방안을 제안하기도 했고, 희망마을 만들기 사업을 통해 중앙정부의 주민자치회 사업을 선도하는 등 다양한 분야에서 중앙정부를 능가하는 여러 성과를 이루어냈다. 충남도의 중앙정부를 향한 역제안이 거듭되는 과정에서 중앙부처 공무원들로부터도 '충남도청과 일하면 뭔가 성과가 나온다. 우리도 이득이다'라는 평가를 종종 받기 시작했다.

함께 모여 공부하는 학습이 여러 성과로까지 이어지자 각 부서에서도 자체적인 연찬회를 구성하여 정책 관계자들을 직접 초빙하고, 공부하며, 인연까지 맺어 나가는 게 자연스러워졌다. 사람들이 모여 함께 정책을 고민하고, 비전을 만드는 모습들이 도청 곳곳에서 일상화되었다.

데이터 정치:
숫자로 도민의 마음을 읽다

안희정 지사는 매달 정기적으로 나오는 여론조사 보고서를 즐겨 읽었다. 여론조사는 도청 예산으로 거의 매달 진행했으며 주로 도민을 대상으로 전화조사와 그룹 인터뷰 조사를 병행했다. 조사 내용은 도정에 대한 평가, 정책 선호도, 그리고 안 지사의 메시지 전반에 대한 것들이었다. 도정 각 분야에 대한 여론조사가 체계적으로 이뤄졌기에 일부 내용은 각 부서에도 공유하였다.

개인적으로 과거 여론조사 기관에서 데이터를 연구하고, 실행해온 경험이 있어 이 업무의 실무를 맡아 진행했다. 조사를 진행하고 결과를 보고하는 과정에서 안 지사가 이 여론조사 보고서를 얼마나 신뢰하고 적극적으로 참고하는지를 알 수 있었다. 특히 도민 중 일정 그룹을 모아 진행하는 FGI(Focus Group Interview) 조사에서는 안 지사에 대한 인식과 이미지 조사를 진행했는데, 이 부분을 각별히 챙겨봤다.

예를 들어 도지사의 도정 및 중앙정부에 대한 평가, 가장 마음에 드는 정책, 그리고 최근 이슈가 되는 사회적 문제에 대한 도민의 생각을 물었다. 이렇게 해서 나온 여론조사 결과는 성별, 연령, 직업, 지역, 정치 성향으로 분류하여 분석했다. 이 조사 결과를 바탕으로 안 지사의 기획 일정과 메시지를 정했다. 중앙정부에 대한 긍정 평가가 높을 때에는 최대한 중앙정부를 존중하는 메시지를, 중앙정부 정책 중 도민 반발이 심한 영역에 대해서는 각을 세우는 메시지를 제안한다거나 도정 지지도 추세가 떨어지는 세대에 대해서는 관련 일정의 빈도를 높여 접점을 늘리는 식이었다.

또한 경제나 복지 분야에 대한 관심이 높은 지역에 대해서는 해당 분야의 일정을 많이 잡을 것을 제안하거나 일정 중 안 지사의 어떤 이미지를 강조해서 연출할지에 대해서도 정리해 보고했다. 사회적 이슈가 발생했을 때 당장 사람들의 눈에는 반대하는 것이 이득처럼 보이더라도, 정작 여론조사를 통해 파악한 국민의 니즈가 찬성에 무게중심이 있다는 결과가 나오면 안 지사는 찬성에 무게를 두고 행동했다. 당장 사람들의 감에서 오는 조언들보다는 숫자에 기반한 분석된 보고서를 훨씬 더 신뢰했다.

기획을 통해 진행하는 일정과 메시지가 초기에는 별다른 영향력을 보이지 않았지만, 해를 거듭할수록 그 효과는 더욱 빛을 발했다. 도민의 관심사와 니즈를 크게 벗어나지 않는 선에서 진행하는 안 지사의 행보는 도민의 지지를 받기에 충분했고, 안 지사의 지지도는 점차 높아져 2년 정도가 지났을 무렵에는 전국 조사에서도 항상 최상위권에 위치했다. 그 이후부터는 전국 시도지사에 대한 지지 평가에서도 꾸준히 전국 1위를 달성하는 등의 성과를 이루어냈다.

여론조사 내용을 정리해 보고할 때면 안 지사는 종종 세종대왕과 클린턴 전 미국 대통령의 이야기를 꺼냈다.

"국민 생각을 존중하고 반영하는 게 진짜 정치지, 자기주장만 내세우는 건 정치가 아닐세. 세종대왕도 세금제도를 만들 때 백성들 의견을 들었다고 하고, 클린턴은 자기 연설 한 줄 한 줄 들려주면서 국민들 반응 봤다는 거 아닌가. 정리해주는 보고서 재밌게 읽고 있네. 앞으로도 꾸준히 숫자화해서 참고할 자료들 올려주게. 대신 민감한 자료들은 여러 곳 돌지 않도록 늘 신경 쓰고!"

안 지사가 도정 운영과 자신의 이미지 관리에 여론조사 결과를 적극적으로 활용하고 있다는 사실을 아는 사람은 많지 않았다. 도정에 대한 조사 결과는 도청 각 부서에 공유했지만, 정치 현안 또는 안 지사 개인 이미지에 대한 것들은 조사 회사에서 로데이터(raw data) 결과를 받는 즉시 추가로 분석해서 안 지사에게만 직접 보고했기 때문에 다른 사람들은 쉽게 알 수 없었다. 정치권에는 '정치 컨설턴트'라는 명함으로 대통령을 만들어드리겠다며, 수시로 이런저런 제안을 해오는 컨설턴트들도 많았지만, 안 지사는 이미 수치화된 조사 결과를 조직 내부에서 받아오고 있었기 때문에 외부의 다양한 제안에도 흔들림 없이 일관성 있는 메시지와 스탠스를 유지할 수 있었다.

그럼에도 불구하고, 안 지사가 도지사에 재선한 이후 저평가 우량주라는 평가가 나오자 안 지사에게 '킹메이커'가 되고 싶어 하는 사람들이 점차 몰리기 시작했다. 특히 안 지사로부터 외부로 밀려난 일부 참모들이 각기 다른 여론조사 기관과 여러 컨설팅 업체를 데리고 와 안 지사에게 다양한 메시지와 일정 제안들을 적극적으로 하기 시작했다.

3장

정치의 현실

서서히 침식되다

공무원 의전 카르텔의 포획

도청의 관료 조직은 체계적이고 효율적이었다. 오래된 조직이었기에 구성원 한 명 한 명의 역할이 짜임새 있게 맞물려 돌아갔다. 보고서도 잘 썼고, 매뉴얼 또한 풍부했다. 유연하긴 하지만 체계가 부족한 정무팀 조직에 비해 훨씬 더 일을 잘했다. 안지사도 공무원들의 실력이 검증되자 점차 정무 조직이나 외부의 참모들보다 도청 내 공무원들을 더 믿고 신뢰하기 시작했다. 임기 초반 공무원들을 믿지 않고 거리를 두던 모습에서 점차 공무원 조직에 스며들어가며 의지하기 시작한 것이다.

공직 사회를 향한 안 지사의 신뢰를 가장 크게 높인 것은 바로 의전 조직이었다. 도지사 비서실, 행정부지사 비서실, 정무부지사 비서실 등에는 도청 내에서도 엘리트라 불리는 행정직 공무원들이 선발되어 배치되었다. 이들은 도정 지휘부의 가장 가까운 곳에서 함께 호흡했고, 지휘부의 지시 사항을 각 부서에 전달하는 역할을 했다. 도지사의 지시 사항을 주로 전달했기에 이들의 말 한마디, 태도 하나하나는 모두 도지사의 영향력에 버금갔다.

의전 라인의 최전선에서 도지사와 함께 호흡하는 정예 공무원들을 그 자리에 배치한 사람들 역시 대부분이 의전 라인 출신의 공직자들이었다. 이들은 도지사 임기 초반 비서실을 꾸릴 때 자신들의 말귀를 잘 알아듣고, 자신들에게 충성할 수 있는 공무원들을 뽑아 배치했다. 학연과 혈연, 지연 등이 선택의 기반이 되었다. 이렇게 배치된 공무원들은 조직 내 최고 권력 부서에 자신들을 보내준 고위 공직자들에게 충성을 다했다. 이들은 도지사실의 정보를 공직 선배들에게 수시로 공유했다.

예를 들어 평소 도지사의 관심사와 심기, 주요 일정을 체크해 고위 공직자들에게 정기적으로 보고했다. 고위 공직자들은 이를 기반으로 도지사에게 보고할 내용, 워딩, 보고 시기 등을 조율해 나갔다. 일상적인 업무를 하더라도 도지사의 관점과 심기를 반영한 보고들은 매번 도지사에게 긍정적인 반응을 끌어냈다. 이는 곧 고위 공직자들에 대한 신뢰로 연결되었고, 해당 공무원들은 주요 요직으로 승진하는 데 큰 도움을 받았다.

도지사는 순수 엘리트 공무원들로 비서실이 구성된 줄만 알았지 이들의 배경과 선출 이유에 대해서는 제대로 알지 못했다. 의전 라인의 공무원들은 선출직 도지사가 새로 오더라도 이런 방식을 통해 자신들의 전통(?)을 이어가며 조직 내 가장 막강한 별도 세력을 형성했다. 이들은 비서실을 나와서도 각 부서의 요직으로 배치되며 승승장구했고, 승진도 빨랐다.

특히 인사 발표가 있을 때면 비서실 공무원들은 도지사에게 보고되는 인사발령 자료를 몇 시간 더 빨리 볼 수 있었다. 이때 의전 라인의 행정 공무원들은 승진하는 공무원들의 이름을 따로 모아 개별 전화를 돌렸다. 내부 시스템에 공식 공지도 되기 전에 확신 어린 말투로 축하 인사를 건네고, 승진 소식을 가장 먼저 당사자에게 알려줌으로써 마치 자신이 승진이나 발령에 힘쓴 것 같은 인상을 주었다.

그 이외에도 도지사가 현장 방문을 할 때 도착하는 정확한 시간과 장소를 자신이 지지하고 있는 부서의 고위 공직자에게만 제공해 도지사를 단독으로 영접하게 하는 경우도 있었다. 도지사 도착 시 현장에서 가장 먼저 영접하는 사람이 곧 그 행사의 총괄자라는 인상을 주었기 때문에 현장 영접의 일순위 기회 제공은 굉장히 영향력 있는 특혜였다. 그렇게 점차 조직 내의 영향력을 넓혀가는 데 비서실의 여러 정보가 다양한 방식으로 활용됐다.

의전 라인의 카르텔은 일반 부서에서 일하는 다른 공무원들에게는 상대적인 박탈감을 안겼다. 의전 라인의 공무원들은 서로 밀어주고 당겨주면서 자신들만의 카르텔을 점차 강화시켜 나갔다.

한번은 의전 라인 공무원들의 폐해가 심각해 인사 담당 고위 공직자가 의전 라인 출신들을 모두 한직으로 보낸 사례도 있었다. 그러나 결국 인사 담당 고위 공직자가 다른 부처로 옮겨간 이후 의전 라인 공무원들은 다시 비서실 또는 좋은 부서로 원위치되었다. 선출직 공무원과 정무직 공직자들은 임기가 끝나면 바뀌었지만, 내부에서 형성된 의전 라인의 카르텔은 변함없이 이어졌다.

비밀까지 보호해줄
정무직 수행비서의 기용

의전 라인 공무원들의 견고한 카르텔은 2014년 지방선거를 앞두고 잠시 중단되었다. 행정직 공무원들은 임기가 보장된 사람들이었고, 선거에 개입할 수 없었기 때문에 도지사 선거 캠프에 합류하지 못했다. 선거에 합류하기 위해서는 직장을 그만두고 나와야 했다. 반면 정무직 공무원들은 일상이 비정규직이라고 할 만큼 공무원을 그만두고 선거 캠프에 합류하는 일이 자연스러웠다. 오히려 캠프에서 자신의 역량을 보여주어야 다시 도청에 선발되어 들어갈 수 있는 구조였다.

안희정 지사는 높은 도민 지지도를 바탕으로 재선을 당연하게 생각했고, 재선 이후 대통령 선거까지를 고려하여 수행비서를 행정직 공무원에서 정무직 출신으로 변경해 임명하기를 원했다. 단순한 의전과 수발에서 더 나아가 평생 안고 가야 할 비밀까지도 관리해주길 바랐다. 또한 행정직 공무원들은 정치 행위와 관련된 업무를 부담스러워했고, 법적으로도 제약적인 부분이 있었다. 이런 이유로 2014년 지방선거를 앞두고 내가 수행비서로 임명되었고, 재선 성공 이후에도 도청에 복귀해 수행비서 역할을 맡게 되었다.

의전 라인의 공무원들은 일정과 행정을 지원하는 등의 다른 형태로 비서실에 남아 꾸준히 도지사와 관련된 고급 정보를 취득했다. 관여도는 줄어들었지만, 그들의 카르텔은 재선 이후에도 다양한 모습을 통해 유지되었다.

위선을 감춰줄
Good Cop, Bad Cop 역할 나누기

도지사의 심기와 의중을 한발 먼저 알아서 따르는 의전 조직으로 인해 안 지사는 자신의 심기가 보전받는 데 익숙해져갔다. 자신의 뜻을 금세 알아차리고 먼저 움직이는 사람들 틈에서 안락함을 느꼈다. 자신의 생각과 다른 이야기들을 먼저 청해 귀담아듣던 도정 초기와는 달리 점차 반대되는 의견에 불편함을 드러내기 시작했고, 더 안정되고 철옹성 같은 의전을 원했다. 티 나지 않지만 안 지사를 돋보이게 만드는 강력한 의전은 모두 비서실, 그중에서도 수행비서로부터 시작되었다.

수행비서는 비행기를 탈 때에도 안 지사가 앉아 있는 비즈니스 좌석과 가장 가까운 이코노미 좌석의 첫 줄에 자리를 배정받았다. 비행기 이륙 전에 승무원에게 안 지사가 비행 중에 찾으면 꼭 알려달라고 말하고, 안 지사에게도 좌석번호를 공유해주었다. 이후 비행기가 착륙하면 부리나케 벨트를 풀고 안 지사 좌석 곁으로 가서 비행기에서 내리는 과정을 도와야 했다. 호텔 방을 잡을 때도 안 지사의 방과 가장 근접한 방에 수행원이 배정되었다. 일정을 마치고 호텔 방에 들어갈 때, 일정을 시작하기 위해 호텔 방에서 나올 때 모두 수행원이 문 앞까지 함께여야 했다. 안 지사는 수행원과 떨어지면 불안해했고, 외부와의 접촉과 연락은 더욱더 수행원을 통해서 하는 구조로 확립되었다. 심지어 간단한 예방접종까지도 일반 병원에 방문해 맞기보다는 도청 산하 공공의료원의 간호사들을 집무실로 불러 맞을 정도로 편안함에 대한 추구는 끝이 없었다.

이런 상황에서 도지사 재선은 더 큰 날개를 달아주었다. '티는 안 나되 더욱더 철저한 의전'을 요구하는 일이 반복됐다. 그 어떤 일이 있어도 수행비서는 도지사를 지켜야 하고, 모두가 NO를 할 때 수행비서 만큼은 YES를 해야 한다고 안 지사는 늘 강조했다. 허락되지 않은 언론과의 만남이나 사전 검토되지 않은 일정들 역시 적극적이고 선제적으로 차단할 것을 지시했다.

2014년 8월 안 지사가 두 번째 도지사 임기를 시작한 직후 민주당 행사로 국회를 방문한 적이 있었다. 그때 한 기자가 다가와 정치 현안에 대한 스탠딩 인터뷰를 하려 했다. 안 지사는 순간 짜증스런 눈빛으로 내게 알아서 하라는 신호를 보냈다. 그는 적어도 자신이 본선의 링 위에 오를 때까지는 철저히 작은 설화에도 엮이고 싶지 않아 했다. 그러려면 준비되지 않은 돌발적인 인터뷰는 무조건 응하지 않아야 했다.

나는 기자의 인터뷰를 필사적으로 막았고, 끝내 기자와 다툼이 생겼다. 통상은 잠깐의 밀고 당기기를 하다 한두 개 정도의 질문에 답하고 들어가는 것이 일반적인 관행이었으나 안 지사의 지시에 따라 질문 하나조차 허용할 수 없었기에 상황은 더 험악해졌다. 다행히 상황은 극단으로 치닫지 않고 종료되었다. 안 지사가 일정을 모두 마치고 차에 올라 나를 칭찬했다.

"자네가 오늘처럼 나서서 악역을 해줘야 내가 그걸 풀어주면서 선한 역할을 하지 않겠나? 내가 융통성을 발휘할 수 있는 공간을 자네가 만들어줘야 해. 아주 잘했어!"

팬들이 사진 찍자고 할 때도 있는 그대로 방치하기보다는 우선적으로 적절히 제지하고, 안 지사가 배려를 베풀며 용인해주는 형식을 취했다. 일종의 'Good Cop, Bad Cop' 같았다. 안 지사는 질책에 대한 부분에 있어서는 자신이 직접 강권하거나 지시하지 않되 이 방식으로 윗선의 선배들에게 간접적 지시를 함으로써 조직의 위계를 유지해 나가도록 하는 방식을 취했다.

티 안 나는 더 높은 수준의 의전

"편하게 해. 나는 복잡한 의전 따위는 싫어. 하지만 내가 싫다는 말은 티 나는 의전이 싫다는 거지 그것보다 한 단계 더 높은 수준의 의전을 해줘야 해. 신경 쓴 것 같지 않으면서도 주인공에게는 불편함이 가지 않는 것 말야. 그래도 나는 충남을 대표하는 도지사고, 국민들로부터 사랑받는 정치인이네. 그래서 더더욱 주변 사람들이 우리를 볼 때 의전을 하고 있는 건지 안 하는 건지 모를 정도의 물 흐르는 의전이어야 해!"

안 지사는 각 부서의 실·국장들이 행사나 정책을 지사의 의중과 다르게 잘못 진행했을 경우에도 직접적 질책보다 자신이 불편해하고 있다는 모습을 표정과 말투 등으로 수행비서에게 드러냈다. 수행비서가 대신 알아서 조치하도록 분위기를 만들었다. 분위기를 통한 지시를 받으면, 그게 누구든 도지사 이하의 사람들에게 불편한 말을 거침없이 하는 게 수행비서의 주된 업무 중 하나가 되었다.

지시는 미세하면서도 복잡했다. 결론적으로 지금보다 더 많은 걸 사전에 검토해서 정치인으로서는 더 돋보이고, 인간으로서는 더 편안하게 다닐 수 있는 방법을 연구하라는 지시였다. 단 티가 나서는 안 된다는 전제가 있었다. 더 많은 관심과 긴장이 요구됐다.

예를 들어 안 지사와 처음 가는 행사장 건물이라도 건물에 도착하기 전에 건물 내에서 어떻게 이동하는지, 화장실은 어디에 있는지, 연설 전 메시지를 검토할 수 있는 공간이 있는지 등을 사전에 여러 차례 확인한 후 막상 건물에 도착했을 때는 여러 번 와봤다는 듯이 지사와 함께 자연스럽게 이동했다. 일정이 모두 끝나고 도지사 공관에 도착할 때에도 수행비서는 지사가 몇 분 후에 도착하는지 공관의 경비 근무자에게 사전 연락을 취하고, 공관 근무자는 대문을 열어놓은 채 정자세로 대문 앞에 나와 경례 자세를 취하며 영접을 했다.

이와 같은 의전은 특히 자치단체장들을 대상으로 많이 이루어졌다. 오랜 기간 공무원들에 의해 체계화된 의전 준칙과 보살핌들은 자치단체장의 성향에 따라 심화되거나 간소화되는 약간의 차이가 있었을 뿐 대체로 유사한 모습을 지녔다. 오히려 국회의원들의 경우에는 보좌진들이 오랫동안 공무원 생활을 한 사람들이 아니었고, 조직 자체도 국회의원의 당선 이후 만들어진 조직이었기에 체계화된 의전이 이루어지지 않았다. 자치단체장과 국회의원들의 보좌진들이 한곳에 모여 이야기를 할 때면 대체로 자치단체장 보좌진들은 이런 의전에 대해 '우리도 비슷해'라는 반응을 보였지만, 국회의원들의 보좌진들은 '그렇게까지 해야 해?' 하는 의문을 가졌다. 개인의 요구이기 이전에 조직이 갖는 특성이 정치인을 보좌하는 방식에까지 영향을 끼친 것으로 보였다.

안희정 지사도 오랫동안 여의도 정치인의 보좌진으로서 생활해오다 도지사가 되었기에 취임 초기에는 과도한 의전에 대해 불편해했지만 점차 다양한 보살핌에 익숙해졌다. 오랜 기간의 떠받듦은 오히려 안 지사 스스로 어느 정도의 보살핌까지 받을 수 있는지를 누구보다 잘 아는 의전 전문가가 되도록 해주었다.

보살핌의 진화:
수행비서 매뉴얼의 병폐

이 책의 부록으로 실려 있고, 또《김지은입니다》책에도 공개되어 있는 안희정 도지사의 수행비서 매뉴얼은 안 지사의 지시로 내가 직접 만들었다. 2016년 2월 안 지사의 정치 철학을 담은 책을 만들기 위해 수행비서에서 메시지팀으로 다시 옮겨가게 되자 안 지사는 원활한 업무 인수인계를 위한 매뉴얼을 만들도록 지시했다. 기존 도청에서 공무원들이 사용하던 도지사 수행비서 업무 문서를 바탕으로 여러 내용들을 포함해 매뉴얼을 완성했다. 안 지사가 가장 중시하던 전화 예절부터 수행할 때의 마음가짐, 안 지사의 기호까지 구체적인 내용들을 담았다.

예를 들어 민주주의 지도자를 보필한다는 목적 아래 8가지의 핵심 업무를 실었다. 선택을 쉽게 할 수 있도록 주변의 업무를 단순화하는 것, 대화 시 사실에 입각한 메시지를 낼 수 있도록 사실관계를 체크하는 것, 주변의 위협으로부터 지사를 보호하는 것, 동향을 파악하는 안테나 역할을 하는 것, 주변의 사람들을 잘 기억하지 못하는 안 지사의 보조 기억 수단이 되는 것, 감옥에 대신 갈 정도로 무조건적인 로열티를 갖는 것, 안 지사를 위해 주변 사람들에게 악역이 되는 것, 개인 관리라는 명분으로 수행비서 스스로를 철저히 지우는 것 등이었다. 이 외에도 커피에는 얼마의 시럽을 넣어야 하는지, 기차에 탈 때에는 어느 좌석에 앉아 어떤 테이블을 펼쳐야 하는지, 이동을 할 때는 어디에 서야 하는지 등 행동의 세세한 부분들을 수행비서 매뉴얼에 담았다. 처음 수행비서 업무를 행정 공무원에게 인계받을 때부터 이미 수행비서의 당연한 업무였다.

안 지사는 수행비서 업무 매뉴얼을 보고 상당히 흡족해했다. 업무 매뉴얼은 수행비서와 운전비서뿐만 아니라 안 지사 지시에 따라 안희정계 국회의원들의 비서실에도 보내주었다.

오로지 한 사람만을 위해 해야 하는 수행비서의 업무는 수십 가지가 넘었다. 지도자의 공적 업무를 보좌하기 위한 일인지, 지도자 개인의 안락함을 위한 것인지 구분이 명확하지 않았다. 오히려 수행비서의 업무는 매뉴얼에 담긴 것 이외에도 시간이 갈수록 더 늘어났다. 안 지사는 보다 많은 업무를 가장 가까운 수행비서를 통해 진행하기를 원했다. 아홉 장의 수행비서 업무 매뉴얼을 후임 직원에게 전해주었지만, 페이지는 더 늘어날 게 자명했다.

결국 수행비서 매뉴얼은 정치인을 더 무력하고, 무능한 사람으로 만드는 근거가 되었다. 더불어 그 어떤 잘못도 허용할 수 있는 빌미를 제공했다. 관선 도지사 시절부터 이어져온 병폐와 개인의 끝 모를 기호까지 담은 수행비서 매뉴얼은 앞으로 사라져야 한다. 정치인에게 행해지는 의전은 오로지 정치인이 업무를 하는 데 있어 더 효율성을 가질 수 있는 데만 국한되어야 한다.

영혼을 파괴하는
완벽함의 유혹

티 나지 않는 의전을 하는 일은 무척이나 큰 에너지를 필요로
했다. 답으로 정해진 게 아니라 계속 먼저 더 생각하고, 선제적
으로 움직여야만 했다. 남들에게는 아무 의전도 이뤄지지 않
는 것처럼 보여졌지만 실상은 안 지사가 현장에 도착하기 전
에 모든 일이 다 정리되어 있어야 했다. 도착 이후에는 정리된
대로 흘러가는 것만 관리하면 되었기에 겉으로 보기에는 그냥
수월하게 흘러가는 것처럼 보였다. 그래서 지사와 함께 이동
하는 차량에서는 늘 많은 일이 이루어졌다. 업무 지시는 이동
중 주로 전달되었다.

안 지사 역시 일에 있어서는 철두철미한 걸 좋아했기에 무
언가 일이 제대로 흘러가지 않으면 금세 감각적으로 알아챘
다. 일을 하는 과정에서 안 지사는 화를 참는 데 상당한 에너지
를 쏟았다. 겉으로는 늘 온순한 모습을 유지하면서도 자신이
원하는 게 될 때까지 참고 기다리는 과정을 항상 어려워했다.
마음을 다스리는 방법에 대한 글과 유튜브 영상들을 수시로
찾아볼 정도로 내면의 화를 티 내지 않기 위해 노력했다.

이런 내면의 갈등을 겪고 숙소에 들어갈 때면 안 지사는 늘
방에 술을 사다 놓기를 원했다. 국내에서는 평소 즐겨 마시는
일본 맥주를 여러 캔 사오도록 했고, 외국에서는 코냑을 한 병
씩 사서 숙소에 가져다 놓도록 했다.

지사가 하루 일정을 마치고 숙소에 들어가면 수행팀 역시 녹초가 되었다. 몸은 피곤했지만 오랜 시간 정신적 긴장 상태에 있었기에 바로 잠을 청할 수조차 없었다. 운전 수행을 담당하는 다른 후배와 함께 술을 한잔씩 하고 들어갔다. 다른 선배들로부터 전임 수행비서가 항상 술 냄새가 났다는 이야기를 익히 들었지만, 같은 역할을 하면서야 비로소 그 마음을 이해할 수 있게 되었다. 다음 날 새벽 일정으로 술을 많이 마시지는 못했지만, 하루 종일 긴장과 경직, 꾸며진 편안함으로 범벅된 스스로를 달랠 수 있는 건 오로지 술뿐이었다. 매일 소주 반병씩을 마시고 자는 일이 일상이 되었다.

　더불어 화가 많아졌다. 긴장된 생활 속에 완벽한 모습만을 안 지사에게 보여주려 하다 보니 늘 예민할 수밖에 없었다. 업무를 성의 없게 한다고 느껴지는 사람들은 그게 누구든 몰아붙이며 공격하게 됐다. 수행비서의 언어는 곧 도지사의 말을 대신하는 것과 같았기에 직급이 높은 국장들도 귀담아들었다. 수행비서의 업무 강도는 상상을 초월했지만 그만큼 업무를 할 때 권한의 세기 역시 커졌다. 특히 도청 조직의 생리를 속속들이 아는 수행비서라면 더더욱 그 힘을 적절히 행사할 수 있었다. 과도한 업무로 인해 생활은 피폐해졌지만, 정책에 영향력을 발휘하여 세상을 바꾸고 있다는 만족감도 컸다. 스스로를 잃고, 무언가를 얻는 과정이 함께 공존했다.

　극도로 예민한 상태로 준비하는 일들은 대부분 잘 마무리되었고, 안 지사도 그런 업무 방식에 만족해했다. 안 지사 대신

화를 내주는 사람이 있었기에 자신은 늘 좋은 사람이 될 수 있었다. 이렇듯 의전을 하는 사람과 받는 사람 모두 서서히 병들어갔다.

공과 사의 경계를 무너뜨린
선물의 허용

도지사 임기 중 명절이 되면 전국 각지에서 쏟아져 들어오는 선물들로 비서실에는 발 디딜 틈이 없었다. 차츰 대선 후보로 거론되기 시작하면서 선물의 양은 기하급수적으로 늘어났다. 대용량 냉장고들에는 온도를 유지해야 하는 선물들이 가득 찼고, 집무실 한편에는 다양한 종류의 선물들이 쌓여 쉽게 지나갈 수 없을 정도였다. 다른 부서 또는 다른 지역의 지자체 사례와 비교해봐도 상상을 초월할 정도로 많이 들어왔다.

선물은 대부분 거절 없이 수령되었고, 선물의 가치에 따라 등급이 나뉘었다. 대통령의 선물을 포함해 중요하거나 고가인 선물들은 대부분 안 지사 가족에게 인계되었고, 평범한 선물들은 직원들에게 나눠주기도 했다. 그중 일부는 안 지사의 주변 사람들이 직접 차에 실어 인근 복지 시설에 가져다주었다. 고가의 선물을 준 사람들은 별도로 리스트 작성을 해서 안 지사가 명절 기간 동안에 일일이 감사 전화를 걸었다.

선물은 받기만 한 것이 아니라 제공도 했다. 도청 비서실을 포함한 도청 각 부서에서 제공할 수 있는 선물의 수준과 비용 안에서 전직 대통령들을 포함한 참여정부 당시 장·차관, 안 지사의 자문 그룹과 주변 사람들에게까지 선물을 제공했다. 특히 일부 전·현직 고위 공직자들에게는 비서실 직원들이 직접 방문해 고기와 술을 전달하는 등 극도의 예우를 갖췄다.

명절 때마다 선물이 활발하게 오가고 있다는 걸 뒤늦게 안 사람들은 명절 선물을 더 신경 써서 보내오기도 했다. 점차 '선물을 받아도 될까?', '선물을 보내도 될까?' 하는 인식에서 '이번엔 어떤 선물이 들어왔을까?', '이번엔 어떤 사람들까지 보내줘야 할까?' 하는 생각으로 변화하는 게 눈에 보일 정도였다. 정(情)과 관습이라는 주장 아래 허용되는 범위는 점차 넓어졌다. 선물의 액수와 크기보다 선물을 통해 평상시 관계를 맺어두려는 사람들의 시도가 곧 선물 공세로 이어지고 있었다. 작은 잘못의 방치들이 모여 결국에는 더 큰 잘못으로 이어질 것만 같은 불길한 예감이 들었다. 명절은 풍요로웠지만, 재앙의 전조 같았다.

이슈보다 사람에 집중하는
언론 관계

안 지사는 도정 초기 기자들과의 개별적인 만남을 꺼려했다. 특히 보수 언론사 기자들과의 만남은 더더욱 거리를 두었다.

노무현 대통령을 죽음으로 몰고 간 원인 중 하나가 보수 언론 사라는 생각이 강했고, '제목 장사'를 하기 때문에 함부로 인터뷰할 수 없다는 의사를 여러 차례 밝혔다.

그러다 2014년 재선 이후 점차 대선 후보로 거론되기 시작하자 안 지사는 언론사의 성향보다 크기에 집중하여 만남을 적극적으로 만들어갔다. 주요 언론사의 국장과 논설위원들을 집중적으로 만나기 시작했다. 만남은 참여정부 당시 언론을 담당했던 비서관들이 청와대 출입 기자들과의 인연을 활용해 주선했다.

만남의 자리에는 언론인 특유의 비판 정신을 가지고 나와 한참의 토론을 이어가는 국장들도 있었고, 의례적인 모임에 어쩔 수 없이 나온 것처럼 보이는 언론인들도 있었다. 대화의 수준은 높았고, 날카로운 질문도 많았다. 안 지사는 상대하기 쉽지 않은 언론사 중진들과의 만남을 늘 어려워했다. 오히려 젊은 기자들과의 모임을 자주 갖기 원했다. 젊은 기자들과의 자리는 상대적으로 안 지사가 주도하는 경우가 많았다.

민주당 내 유력 대통령 후보로 거론되던 안 지사에게도 각 언론사의 젊고 패기 있는 기자들이 서서히 배정되기 시작했다. 일명 '마크맨'으로 불리며 한 정치인을 전담해 취재하는 기자들이었다. 대부분 열정이 많았고, 전담하는 정치인에 대한 이해도도 높았다. 안 지사를 담당하는 마크맨들은 안 지사의 평소 철학과 워딩을 어느 정도 공부하고 온 듯했다.

마크맨들과 만나는 횟수가 많아지자 안 지사는 일부 언론인들의 이름과 소속 회사를 기억하는 정도까지의 사이가 되었다. 평소 안 지사는 만나는 사람들의 얼굴과 이름을 잘 기억하지 못했다. 스스로 안면 인식 장애를 가지고 있다고까지 표현하기도 했다.

안 지사와 기자들은 처음에는 취재기자와 취재원으로 만났지만, 함께하는 시간과 함께 아는 사람들이 많아질수록 자연스레 동지애 같은 걸 서로 갖게 되기도 했다. 곁에 있었던 나 역시 자주 만나는 언론인들에게 깊은 동지애를 느꼈다. 대부분 젊었고, 모두가 처음 경험하는 풍경 속에서 같은 갤러리로 움직였다. 개인차가 있었지만, 안 지사의 측근들과 마크맨들 간에는 점차 비판과 평가, 그리고 대응보다는 함께 무언가를 만들어간다는 동료로서의 인식이 점차 강해지는 것만 같았다. 비평가와 대상자 간의 경계는 모호해졌다.

마크맨들 중에는 유독 여러 정치인을 오고가며 인사를 하는 소수의 기자들도 있었다. 대선 후보로 거론되는 유력 정치인들이 행사로 한자리에 모였을 때 이들에게 돌아가며 인사를 하는 일부 기자의 모습을 보면 취재를 하러 왔다기보다는 자신의 존재감을 알리려 돌아다니는 것만 같기도 했다. 이들 중 일부는 이후 2017년 5월 대선이 끝나자마자 기자를 그만두고 바로 청와대 행정관으로 가거나 청와대에서 경력을 쌓고는 기업의 임원으로 옮기는 경우도 있었다.

스스로를 잊게 만든 자기 연출:
탁월한 농사꾼

안 지사는 자기 연출에 능했다. 특히 도지사 재직 기간 중 '농사 짓는 정치인' 이미지를 갖기 위해 여러 연출이 있었다. 공관 옆에 텃밭을 운영하며 농사를 지었는데, 공관을 방문하는 사람들에게 텃밭을 보여주는 건 하나의 코스였다. 풍성하게 열린 열매와 잘 가꾸어진 텃밭을 본 방문자들은 하나같이 대단하다는 반응을 보였다.

"안 지사가 차갑고 도시적인 이미지인 줄만 알았는데, 따뜻하고 우직한 사람인 것 같다. 어쩜 저렇게 농사를 잘 지어!"

환호하는 방문객들이 돌아갈 때면 한 아름의 농산물을 안겨주기도 했다.

안 지사의 공관 텃밭에는 도청 산하 농업기술원의 박사들이 자주 다녀갔다. 가장 좋은 품종을 심어주었고, 주요 시기마다 농사일을 해주었다. 안 지사도 텃밭 가꾸기에 상당 시간을 할애했지만, 농업 박사들의 농사 실력을 뛰어넘을 수는 없었다. 전문가들이 제공하는 좋은 품종과 체계적인 관리로 매번 작물은 넘치도록 달렸다. 안 지사는 '농사 짓는 정치인'이라는 자기 연출을 통해 기존에 가지고 있던 차가운 철의 이미지를 상쇄하고 따뜻한 흙의 이미지를 스스로에게 덧입혀 나가려 노력했다.

이렇게 장기간의 연출을 통해 갖게 된 따뜻한 이미지와는 별개로 안 지사는 외모를 가꾸는 데도 상당 시간을 할애했다. 재선 이후 스스로 다른 정치인들과 외모로 승부하겠다는 생각을 가지고 외모 가꾸기에 많은 시간과 돈을 투자하기 시작했다. 패션 담당 전문가를 초빙해 고가의 슈트들을 구매하기도 했고, 주요 일정에 화장과 머리를 다듬어주는 사람들을 데리고 다니기도 했다. 자신의 외모를 칭찬하는 트윗들에 직접 반응하며 점점 더 스스로의 외모에 도취되어 가기도 했다. 몸에 딱 붙는 슈트핏을 유지하기 위해 안경닦이조차 몸에 지니고 다니지 않았고, 수시로 사용하는 담배와 라이터 등도 마찬가지였다. 모든 물건은 자신의 옷이 아닌 수행비서의 주머니 속에 있어야 했기에 수행비서의 주머니는 항상 여러 잡동사니들로 넘쳐났다. 심지어 코트를 벗는 시점, 재킷을 벗고 팔을 걷어 올리는 모든 순간까지도 일정 전에 한참을 고민한 후 연출하듯 실행했다.

보여지는 것에 상당히 큰 관심을 가지고 있던 안 지사는 외부로 비치는 친절함을 유지하는 데도 많은 노력을 기울였다. 도정 초창기 다양한 민원인과 사람들을 만날 때에도 자신의 모습이 어떻게 비칠지 늘 고민했다. 다른 기관에 방문할 때면 꼭 차에서 내려 경비원들에게 인사를 했고, 식당에 갈 때면 꼭 식당 아주머니들을 별도로 찾아 악수하고 나왔다. 도정 초창기에는 거칠게 항의하는 사람들을 직접 포용하기도 하고, 무리하다 싶을 정도의 이야기도 오랜 시간 들어주려는 노력을 보였다. 몸에 밴 예의도 있었지만, 밖으로 비치는 모습에 대해

늘 고민하고 행동한 결과였다.

그러나 재선 이후 안 지사는 점차 시위하는 사람들과 마주치는 걸 극도로 싫어했다. 스스로 그 자리에서 무언가를 해주겠다며 공수표처럼 약속해야 하는 상황, 시위자와 한 프레임에 담겨 대중에게 불편한 이미지를 노출하는 모습을 경계하기 시작했다. 애초에 그런 상황이 없도록 주변에서 알아서 조치하기를 바랐다.

안 지사는 철저히 통제되고 계산된 상황 속에서 자신의 이미지를 만들어 나가기를 원했다. 스스로의 모습을 자기 자신의 밖에서 바라보며 이미지를 하나하나 연출해 나갔다. 어느 시점이 되었을 때 안 지사는 자기가 연출한 자신의 모습마저 진짜라고 믿는 결과에 다다른 것처럼 보였다. 결국 자기 연출로 꾸며진 모습을 스스로라고 믿어버린 것이다. 시뮬라크르의 삶이 시작되었다. 진짜와 가짜의 구분선은 사라졌다.

4장

정치의 변질

잠식되다

대선 도전을 준비하다

2014년 7월, 안희정 지사의 도지사 재선 이후 전국 곳곳에서 강연 요청이 줄을 이었다. 보수적인 충남에서 재선을 했다는 사실만으로도 국민들에게 상품성이 검증된 것이나 다름없다는 평가들이 뒤따랐다. 강연 정치를 한다며 일부에서는 비판하기도 했지만, 거리낌 없이 충남도 내 일정보다 전국 곳곳의 강연 일정을 늘려 나가기 시작했다.

다른 지역에 강연을 하러 가면 사람들이 내게 종종 찾아와 물었다. 어떤 일을 해야 안희정을 도울 수 있는지, 함께 일할 수 있는 곳은 없는지 구체적인 방법들에 관한 문의였다. 그렇게 찾아온 대부분의 사람들은 맑게 느껴졌다. 그들은 안희정을 통해 자신이 만들고자 하는 세상에 조금 더 가까이 다가가기를 원했다. 계산적이지 않아 보였고, 자신을 내세우지 않는 사람들 같았다. 추후에 큰 선거가 있을 때 함께하자는 당부들을 하며 연락처를 받았다.

충남도청 내부에서 찾아오는 일반 공무원들도 많았다. 특히 도정 관련 실무를 도맡아 하는 5급 사무관과 6급 주무관들이 주를 이루었다. 이들은 안희정의 가치를 보고 다가왔기에 개인적 관계보다 정책을 추진하는 일에 초점을 맞춰 교류하기를 원했다. 젊은 실무자들의 고민은 한결같았다.

"이 정책을 정말 한번 해보고 싶은데, 과거와 시대가 다름에도 선배들은 똑같은 답만 요구해요. 지사님과 함께 일 한번 제대로 해보고 싶습니다."

이들은 안희정의 도정 철학에 대해 이해도가 높았고, 이를 바탕으로 '대한민국을 선도하는 충남의 정책, 역제안 과제' 등을 각 부서에서 주도하여 만들기도 했다.

공부를 가르쳐주며 새로운 관계를 맺은 학계의 전문가들 역시 다양한 모임과 만남들을 주선해주었다. '대한민국의 미래를 고민하고, 걱정하는 사람들이 이렇게 많구나' 하고 느낄 정도로 모두가 한마음으로 모여들었다. 고마운 일이었고, 사람들의 열망이 점차 가득차고 있다는 느낌을 받았다.

더불어 안희정 지사의 생각을 정리해 대중에게 알리는 일도 동시에 진행됐다. 안 지사는 2012년부터 2016년까지 약 4년 동안 공부한 내용들을 기반으로 국가 운영에 대한 자신의 생각을 책으로 정리하기를 원했다. 공부 모임을 주도하고 기록해온 내가 2016년 봄, 이 프로젝트를 맡게 되었다.

몇 군데 출판사를 소개받아 한 곳을 선정하였고, 안 지사의 구술과 그동안의 공부 기록, 그리고 도정의 주요 자료들을 바탕으로 책을 만들기 시작했다. 내가 구성과 콘텐츠 준비를 맡았고, 집필은 출판사의 대표 작가가 하기 시작했다. 작업은 수월하게 진행되었고, 최종 원고에 대한 검수는 노무현 대통령의 연설을 썼던 참모들이 함께했다.

2016년 10월 출간한 이 책의 제목이 '국민과 함께 국가를 운영하자는 뜻의 신조어'인 '콜라보네이션(CollaboNation)'이었다. 부제는 '경험한 적 없는 나라'였다. 출간 직후 책에 담긴 철학과 정책적 고민에 대해 긍정적인 평가를 많이 받았다.

대선 경선 캠프를 꾸리다

2017년 12월을 초점으로 한 대선 준비는 하나씩 이루어졌다. 학습을 통해 과거 정부의 정책 계승과 미래를 준비했고, 안정적인 도정 운영을 통해 국정 운영의 자신감을 가졌다. 정기적으로 내놓은 중도적인 메시지들로 인해 대중의 인지도는 높아졌고, 중앙 부처 공무원들의 호응도 많아져 조직의 위세가 하루가 다르게 커져갔다. 2016년 10월 25일 출간한 《콜라보네이션》도 많은 사람에게 읽히기 시작해 안 지사가 꿈꾸는 대한민국이 어떤 대한민국인지 이해하겠다는 사람들도 늘어났다. 준비는 하나씩 잘 되어가고 있었다.

그러던 2016년 10월, 박근혜-최순실 게이트 문제가 사회적 이슈로 떠오르기 시작했다. 같은 해 11월 4일 갤럽이 발표

한 박근혜 대통령의 지지율은 5%였고, 20대에서는 0%에 가까웠다. 박근혜 정부에 대한 국민적 지지는 바닥이었다. 대통령 탄핵의 가능성이 현실화되면서 대선 시계는 예상보다 빠르게 흘러갔다. 민주당의 대선 경선 준비도 서둘러 해야 했다.

급박하게 돌아가는 상황 속에서 일명 경선 준비 코어팀이 나를 포함해 5명으로 구성되었다. 전체 선거판을 짜고, 경선 캠프의 기초적인 조직 구성을 하기 위한 킥오프 성격의 팀이었다. 2016년 11월 4일 나는 도청에 사직서를 내고 짐을 싸 여의도로 올라왔다. 코어팀은 국회 바로 앞 오피스텔을 빌려 경선 관련 전략과 사전 회의를 열기 시작했다. 여의도의 이 오피스텔은 안 지사의 후원자 중 한 재력가가 자신의 이름으로 임대해 캠프에 빌려주었다. 팀이 수시로 모여 회의를 이어갔다. 숨겨진 비밀 사무실 같은 공간이었다.

탄핵 국면으로 인해 선거 준비를 할 기간이 짧아졌지만 구성원 모두가 승리에 대한 확신을 갖고 있었다. 당장은 문재인 후보가 우위에 있지만 결국에는 민주당의 적자 프레임을 가진 안희정 후보가 승리할 거라는 예측이었다. 회의 분위기는 좋았고, 찾아오는 사람들도 조금씩 늘어나기 시작했다.

경선 준비팀이 운영된 지 3일 정도가 되었을 때 안희정 지사에게 전화가 왔다.

"자네에게 시킬 일이 있으니 거기는 그만 정리하고 내려오게. 지난번 제출한 사표는 내가 반려했네."

당황스러웠다. 좌고우면할 틈도 없이 안 지사의 전화를 받은 그날 캐리어에 짐을 꾸려 다시 도청이 있는 홍성으로 향했다. 선배들은 일할 사람이 없어진다며 난색을 표했지만, 안 지사의 지시에 대해 어느 누구도 반박할 수 없었다. 안 지사의 말은 곧 수용하고 따라야 할 지침과 같았다. 도청에 들어가자 안 지사는 나를 집무실로 불렀다.

"자네가 내 생각을 가장 잘 알지 않나? 나랑 같이 다니면서 상황을 좀 보다가 경선 시작하면 수행팀장으로 고생 좀 해주게. 곁에서 내 메시지도 좀 봐주고!"

이후 본격적인 경선 캠프를 꾸리면서 수행실장은 기동민 국회의원이 맡았고, 운전비서, 의전 담당 수행비서, 수행팀장, 안 지사까지 총 5명이 한 차로 움직였다. 중요한 일정이 아닐 때는 수행실장을 뺀 나머지 4명이 주로 함께 다녔다.

본격적인 경선의 시작

2016년 12월 여의도에 대규모 경선 캠프가 준비되었다. 가장 급선무인 일은 2017년 1월 22일에 예정된 출마 선언식을 준비하는 일이었다. 동시에 많은 청년들이 변화를 갈망하며 캠프에 들어오기 시작했다. 그러나 정작 많은 표를 몰아줄 국회의원의 합류는 요원했다. 경선 시작 전 깃발만 들면 참여정부 출신 정치인들이 모두 함께할 것이라고 안 지사는 생각했다. 그러나 대부분 승기가 높은 문재인 캠프로 갔다.

이때 안 지사가 시선을 돌려 영입에 가장 공을 들인 사람은 박영선 의원이었다. 안 지사가 몇 번을 찾아가 만나고 설득하고 기다리고를 반복했다. 안 지사의 당선 가능성을 낮게 본 다른 의원들은 합류를 꺼렸지만 결국 안 지사의 반복된 요청과 진심 어린 부탁에 박영선 의원이 캠프에 합류했다. 그밖에 박용진 의원을 비롯한 몇몇 현역 의원이 이해관계에 대한 고려 없이 안 지사의 평소 정치적 스탠스만을 보고 자발적으로 참여해주었다. 이들의 자발적 합류에 안 지사는 놀라워했고, 고마워했다.

새로운 의원들이 합류하자 의원들을 보좌하던 보좌진들도 캠프에 새롭게 합류했다. 캠프 안에서 일정과 메시지를 기획하고 방향을 잡아 나가는 일이 훨씬 수월하게 진행되었다. 어의도에서 오랜 정치 경험이 있는 의원들과 보좌진들이 함께하자 캠프 분위기도 많이 달라졌다. '후보와의 관계'로서 위치가 평가받는 분위기에서 '페이퍼 작성의 수준'이 그 사람을 평가하는 기준이 되었다. 주먹구구식 평가가 점차 실력적 검증으로 바뀌는 계기가 되었다. 설익은 정치 감각과 화려한 언변보다는 실제 보고서로서 각자의 위치를 입증해내야 했기 때문에 업무 능력으로 평가받는 분위기가 서서히 자리 잡게 되었다.

상대적으로 안 지사 주변에서 '안 지사의 친구', '안 지사의 비서실장' 프레임으로 많은 권력을 누리던 기존의 몇몇 국회의원이 점차 소외되어가는 분위기였다. '안희정'이라는 이름을 수식어로 달고 국회의원에 당선되어 오랫동안 주변에 있었지만, 정작 캠프를 운영하는 토론과 회의 속에서는 새롭게 합류한 국회의원들에게 밀려 주도권을 많이 내주게 된 것이다. 권력의 부침과 교체가 캠프 내에서 수시로 이루어졌다.

아무런 대가를 바라지 않고 모여드는 청년들도 많았다. 반사체로 작동하지 않는, 자기만의 실력을 가진 친구들이었다. 기존 참모들만으로는 챙길 수 없는 많은 부분이 새로운 스태프들의 참여로 채워지기 시작했다. 뭔가 이루어낼 것 같은 분위기가 점차 형성되어갔다.

안 지사는 늘 자신감이 넘쳤다. 도정을 통해 충분한 실전 경험을 쌓았고, 백지 상태였던 국정 운영 계획이 이제는 촘촘히 짜여졌다고 생각했다. 주변에 모여든 사람들 역시 안 지사의 확고한 철학과 비전, 그리고 자신들의 능력이 어우러져 대한민국의 변화를 만들어낼 수 있을 것이라고 강하게 확신했다.

캠프의 가장 정점인 후보 옆에서는 캠프의 흐름과 변화들이 속속들이 보였다. 권력 구도의 변화와 수많은 결정들이 이루어지는 걸 보는 재미도 있었다. 그러나 수행팀장으로서의 일정은 가히 살인적이었다. 후보와 함께 다니며 일정을 체크하고, 차 안에서 메시지를 함께 준비하는 수준에서 벗어나 일정을 모두 마치고 숙소로 돌아온 이후에도 긴장감을 지울 수 없었다. 자정이 넘은 시간이라도 안 지사가 이런저런 일로 찾으면 그의 방으로 뛰어 올라가야 했다. 내일 일정 준비를 위한 각 부서와의 대화도 주로 밤 10시가 넘은 늦은 시간에 이루어졌다. 하루하루 쌓이는 피로들을 주체할 수 없는 지경에 이르렀다. 결국 어느 날 새벽 출근 중에 졸음운전 사고를 냈다. 눈이 자꾸 감겨 졸음쉼터에서 잠시 쉬고 왔음에도 불구하고 도저히 눈이 떠지지 않았다. 다른 차가 없는 상황에서 가드레일에 부딪혔다. 가벼운 찰과상을 입었지만, 차량은 크게 파손되었다. 하루하루 목숨을 내놓고 살아가는 것만 같았다.

팬덤:

허가받지 않은 권력의 등장

안 지사는 평소 어두운 곳을 좋아했다. 대중의 큰 환호와 화려한 조명을 받고 돌아올 때면 늘 홀로 조용히 있길 원했다. 두꺼운 커튼을 치고 불을 끈 채 내실이나 방 한구석 의자에 한참을 앉아 있었다. 그 공간에는 자욱한 담배 연기와 침묵, 그리고 공허함만이 가득했다.

안 지사는 큰 호응 뒤에 몰려오는 허무감에 잡아먹힐 것만 같다고 표현했다. 늘어나는 팬들의 환호가 결국 자신의 사지를 양쪽으로 당겨 찢어놓을 것만 같다고도 말했다. 내실에 있는 동안만큼은 시급함을 다투는 일 외에 아무도 먼저 방에 들어갈 수 없었다. 공허감이 조금 회복됐다고 안 지사 스스로 판단되면 휴대폰으로 수행비서에게 문자를 보냈다.

"가세!"

안 지사가 대중 연설을 하거나 방송에 나갔을 때 유독 메시지가 잘 나오는 날이 있었다. 그럴 때면 청중은 마치 안 지사 곁으로 빨려 들어가는 듯한 느낌을 받았고, 안 지사 역시 신과 영접하는 듯한 느낌을 스스로에게 가졌다. 그럴 때면 팬들의 더 큰 환호와 안 지사의 메시지가 허공에서 상호 교환되었다.

부흥회 같은 분위기 속에서 안 지사는 강력한 메시아가 되었고, 청중은 열렬한 신도가 되었다. 절대적인 믿음이 곳곳에 넘쳐났다. 안 지사는 그런 분위기를 느끼고 올 때면 유독 더 어두운 동굴 속을 찾아 들어갔다. 팬들의 환호에 중독되지 않으려는 절박한 노력 같았다.

도지사 시절에는 이런 날들이 가끔 있었지만, 2017년 1월 경선이 본격화되자 매일 반복되었다. 대중 앞에서의 연설과 우레와 같은 환호성, 그리고 팬들의 사연이 담긴 수많은 편지와 기대가 하루가 멀다 하고 이어졌다. 대중이 결국 자신의 몸을 찢어버릴 것만 같다고 했던 두려움과 경계심은 점차 사라져갔다. 자신의 사지가 양옆으로 묶이고 있는지도 모른 채 팬들의 환호성 속으로 깊숙이 들어갔다. 나 역시 때로는 사지를 묶는 사람들 틈에 섞여 있었고, 때로는 또 그 환호성에 매몰되어 함께 묶여 있기도 했다. 모두가 공범자이자 피해자가 되어갔다.

선거를 하다 보면 '뽕 맞았다'라는 표현을 종종 쓴다. 현장에 지지자들만 잔뜩 진을 치고 와 있는 걸 알면서도 "와~" 하는 현장의 함성 소리와 쏟아지는 기운은 강한 중독력이 있었다. 환각력이 높은 이 팬덤의 기운을 안 지사는 힘들 때마다 더 찾았다.

안 지사는 이때부터 개인 휴대폰으로 팬들과 직접적인 연락을 나누기 시작했다. 이전에도 가끔 지지자들과 메시지를 나누기는 했지만, 확인되지 않은 불특정 다수의 팬들과 직접적으로 연락을 나눈 적은 거의 없었다. 팬들이 트위터와 인스타그램 등으로 보내오는 메시지를 하나하나 찾아 더 관심 있게 보기 시작했고, 팬들의 호응을 전체 국민들의 지지로 여기고 싶어 했다. 안 지사와 경선 캠프에게는 SNS에서 드러나는 환호와 칭찬들이 세상의 전부로 보일 정도였다.

팬덤 안에는 정규 정치권의 권력 싸움에서 밀려난 정치인들과 온라인 정치 인플루언서들이 들어와 기생하기 시작했다. 팬덤에 기승하며 여러 형태로 정치 생명을 이어갔다. 이들은 적당한 논리와 언론에서 검증되지 않은 그럴듯한 정보, 감언이설로 중무장한 채 마음에 상처를 입은 정치인의 약한 부위를 집중 공략했다. 그럴듯해 보이는 이들의 조언은 안 지사에게도 참모들의 조언보다 때로는 더 중요한 조언처럼 받아들여졌다. 안 지사와 오랫동안 함께하던 '아나요'라는 팬클럽이 있었지만, 경선 기간 중 두세 개의 팬클럽이 새로 생겨났고, 이 새로운 조직 안에는 순수한 팬부터 이해관계를 가지고 온 사람들까지 정말 다양한 분포의 사람들이 모여들었다. 팬의 영향력 또한 높아져갔고, 안 지사는 팬층의 폭넓은 분화를 즐겼다.

팬덤 현상은 우리를 좋게 한 것만은 아니었다. 2017년 2월 2일 안 지사가 국회 기자간담회에서 "노무현 대통령 때 이루지 못한 대연정을 실시해 미완의 역사를 완성하겠다"는 발언을 하자 이를 기점으로 민주당 대통령 후보 경선 상대였던 문재인, 이재명 후보의 팬들이 합심하여 우리를 공격하기 시작했다.

안 지사의 전화번호와 수행팀 전화번호를 알아내 욕설과 비난 문자를 하루에도 수천 개씩 보냈다. 평소 안 지사의 전화도 내 전화로 착신되어 있었기 때문에 내 휴대폰에 울리는 알람 소리는 쉬지 않았다. 매초마다 울려대는 알람에 전화기가 뜨거워져 한동안 꺼둬야 할 정도였다.

캠프 내 반응은 그것 역시도 인기라며 그냥 감내하라고 했다. 캠프에서는 이전까지 상승 곡선을 그리고 있던 안 지사의 지지도에 신이 나 연일 술자리를 가지고 있었다. 마침 전날 반기문 전 유엔 사무총장이 대선 불출마를 선언한 직후여서 안 지사의 지지율 상승세는 큰 탄력을 받고 있었다.

우리 진영을 향한 문자 폭탄 세례에 대해 상대 후보들은 전혀 제지하지 않았고, 우리 캠프 역시 적절한 대응을 하지 않자 문자 공격은 더 심각해졌다. 안 지사는 애써 신경 쓰지 않는 표정을 지었지만, 이전까지 메시지로 오던 팬클럽의 열광적인 반응들을 국민 전체의 반응으로 생각하고 있던 상황에서 그보다 몇 배에 달하는 수의 악성 메시지를 받자 더 극심한 압박감을 느꼈다. 몇 차례에 걸쳐 반박하는 성명을 내기도 했으나 거친 태풍 앞에 흔들어대는 작은 휴대용 선풍기의 바람 같았다.

이 일을 계기로 안 지사는 많이 위축되었다. 생각지도 못했던 기존 민주당 지지자들로부터의 맹렬한 공격 속에서 몹시 힘들어했다. 민주당에 자신의 온 인생을 바쳐왔는데 이런 식으로 자신을 매도하고 공격하는 사람들을 이해할 수 없다고 말했다. 특히 문재인 후보 곁에 있는 운동권 선후배들의 외면에 더 심한 배신감을 느끼는 듯했다.

안 지사는 위축되고 실망하면 할수록 자신의 기존 팬들이 보내주는 환호성과 맹목적 지지, 온라인을 통해 들어오는 칭찬, 직접 전해오는 손편지, 안 지사를 위해 만들어준 영상들을 더 집착해서 찾아보기 시작했다. 차에만 타면 그런 영상과 그런 문자, 그런 글들만을 찾아 읽었다. 외부 팬덤의 공격으로 인해 오히려 자신의 팬들에게 더 깊이 의지하고 빠져들기 시작했다. 외부로부터 받는 공격의 고통을 자신의 팬들이 제공하는 마약 같은 맹목적 지지로 잠시나마 잊고 싶어 한 것이다. 외부로 뻗어 나가던 원심력의 힘은 급속히 약화되었고, 오히려 내부를 향한 구심력만이 점차 강화되는 양상이었다. 악순환은 점차 심화되어갔다.

그 과정에서 팬덤을 비즈니스로 이용하는 사람들도 생겨났다. 안 지사와의 친분을 팬들에게 팔며 자신의 영향력을 높이거나 현실과는 동떨어지지만 안 지사가 좋아할 만한 이야기들을 그럴듯하게 온라인 공간에 풀어놓고, 그 글에 안 지사 이름을 포함시켜 글의 당사자들이 쉽게 검색할 수 있도록 노출하는 정치 인플루언서들이 늘어났다. 정치 콘텐츠를 주로 만드는 사람들부터 수익성 시민단체를 운영하는 사람들까지 다양했다. 이들은 단순히 온라인에서만 활동하는 것이 아니라 그렇게 맺어진 인연을 통해 캠프로 와서 다양한 정치인들과의 관계를 만들어 나갔다. 안 지사가 팬덤이라는 달콤한 유혹에 빠지자 이들은 금세 그 상황을 알아채고, 자신들의 출세 수단으로 팬덤을 활용해 캠프 내 깊숙한 곳까지 들어와 활동하기 시작했다. 이어 캠프 내 메시지와 정책에까지 관여했다. 평소에는 접할 수 없는 사회 저명인사들과 사업 이야기도 하고, 다양한 인사 방향에 대한 대화들도 이어갔다. 겉으로 보기에는 순수한 자원봉사자나 평범한 참여자들처럼 보였지만, 의도를 가지고 캠프에 접근하는 사람들은 상당히 많았다.

팬덤 형성에 주도적으로 나섰던 일부 사람들은 이후 여러 협회를 만들었다. ○○협회를 만들어 자신이 실무를 총괄하는 사무총장을 맡고, 선거 과정에서 친분을 쌓은 명망가들을 협회장 자리와 주요 직책에 앉혔다. 명망가들에게는 그럴듯한 타이틀과 안 지사를 돕는다는 명분만 안겨준 채 협회를 통한 광고나 기타 수익들은 자신들이 취하는 방식이었다.

처음부터 비즈니스적인 목적을 가지고 온 자들은 팬덤의 대표 자격으로서 기존에 쉽게 만날 수 없던 주요 정치인들과 만나 관계를 트고, 그 관계를 통해 자신들이 추진하는 사업에 활용하는 수완을 발휘했다. 경선에서 열세를 겪고 있는 상황에서 모여드는 사람들을 검증하고 적절히 배치할 수 있는 기능은 점차 마비되어갔다. 장사꾼과 사기꾼들이 캠프 곳곳을 휘젓고 다녔다.

사이비 언론인들의
방송 장사

민주당 대통령 후보 경선 시작 이후 상승세를 타다 2017년 2월 초 갑자기 불어닥치는 일방적이고 무차별적인 일부 민주당 지지자들의 공격에 안 지사는 큰 충격을 받았다. 이 절망적인 심경은 오래갔다. 기존 보수 진영의 공격은 예상했던 일이지만, 스스로를 민주당의 적자이자 노무현 대통령을 적통으로 잇는 사람이라 생각한 안 지사에게 민주당 내부의 반발은 극심한 아픔을 안겨주었다. 이어지는 혼란 속에서 왜 그런 반발에 부딪혔는지를 돌아보며 고민하기보다 점점 더 현실 도피를 하고 싶어 했다. 힘든 안 지사에게 새로운 구세주로 등장한 몇 종류의 사람들이 있었다. 이들의 노력은 대선이 있기 오래전부터 꾸준히 지속되어 민주당 대통령 후보 경선 때 비로소 정점에 다다랐다.

첫 번째가 사이비 언론인들이었다. 팟캐스트나 유튜브에서 보수 정당에 맞서며 인기를 얻고, 레거시 미디어와 유튜브를 오고가는 자칭 '언론인'들이었다. 이들은 과거 보수 세력을 공격하면서 고난을 겪기도 했고, 레거시 미디어의 편향적인 보도 속에 실체적 진실을 보도하며 대중적 인기를 누려왔다. 안 지사는 이들과의 첫 만남에서부터 자신과 같은 편이라고 생각했다. 진보 진영의 대표적인 언론인들로서 자신과 함께 '절대악'에 대항해 투쟁하고 있는 '절대선'으로서의 동질감 같은 것을 느꼈다.

이들은 방송에서 공개적으로 안 지사를 지지하지는 않았지만 별도로 연락을 해와 자신의 방송 또는 팟캐스트에 출연해주기를 요청했다. 방송에 나오기만 하면 자신이 안 지사를 유력 후보로 띄워줄 것처럼 말했다. 그러나 정작 방송에 출연하면 출연자들과 재미난 분위기로 잡담을 나누다 결국 방송은 싱겁게 끝났다. 자신들의 시청률을 위한 자극적인 발언과 농담들로 방송 내용을 버무렸을 뿐 정작 제대로 된 지지성 멘트나 의미 있는 질문은 적었다. 방송은 매번 허무하게 끝났다. 그럼에도 사이비 언론인들은 안 지사가 전혀 의심하지 않도록 현란한 말들과 제안을 구사했다. 방송 중간 쉬는 시간에 사이비 언론인들은 안 지사와 함께 담배를 태우러 나가며 안 지사 곁에 다가와 낮은 목소리로 말했다.

"지사님 큰일 하셔야죠! 이번에는 스코어상 어려우실 수 있어도 다음에 저희가 기회 만들어 드릴게요. 저만 믿으세요! 저 팬들 많아요. 아시죠?"

사이비 언론인들이 진행하는 방송에 출연할 때면 이들의 팬들이 온라인과 오프라인의 공간을 가득 메웠다. 방송에 출연하는 정치인들은 자연스레 그 분위기에 압도되었고, 때에 따라 방송에 초청되었다는 사실만으로도 영광스러워하며 방송 진행자들의 주장에 적극 동조하는 경우도 많았다. 그 과정에서 방송은 검증되지 않은 내용들을 주장하기도 했고, 허무맹랑한 음모론을 선정적으로 다루기도 했다. 진지한 이야기,

어려운 이야기는 권위주의의 상징이고, 쉽고 자극적인 이야기만이 대중에게 소구할 수 있는 진짜라는 생각, 일종의 반지성주의가 가득한 것처럼 보였다.

하지만 안 지사를 비롯한 캠프의 많은 정치인은 사이비 언론인들을 적극적으로 신뢰하고 따랐다. 정의를 위해 악의 무리와 싸우고 있다는 이미지와 대중의 높은 지지까지 받고 있는 이들의 말은 안 지사에게 매번 소구력 있게 다가왔다. 추후에 안 사실이지만, 이들의 공수표성 '큰일' 발언은 다른 정치인들에게도 남발되고 있었다. 내가 다른 정치인과 동행한 자리에서도 이들은 방송 직후 이런 말을 했다.

"○○님! 큰일 하셔야죠! 제가 도와드릴게요. 여기 제 지지자들 보이시죠?"

그러나 자신들의 방송 청취율만을 좇는 사이비 언론인들의 호객 행위일 뿐, 이후 아무런 도움도 받지 못했다.

참여정부의 고위 관료 출신 중에도 사이비 언론인들은 종종 있었다. 2017년 2월, 자칭 언론인이 공동 진행하는 유명 프로그램 녹화에 안 지사가 참여했을 때의 일이다. 방송 중간 쉬는 시간에 안 지사와 출연자들이 피운 담배 연기로 자욱한 대기실에서 안 지사에게 이 자칭 언론인은 이런 말을 했다.

"안 지사! 옳고 그른 거 너무 따지려고 하지 마. 패널하고도 각 세우지 말고. 그냥 당신 지지자들이 떠들고 다닐 논리를 이 방송 통해서 설파한다고만 생각해. 대신 통계나 숫자만 꼭 정확하게 말하고. 이번엔 어려워도 다음엔 무조건 될 거야. 내가 도와줄게!"

이 자칭 언론인은 참여정부 고위 관료 출신이었고, 이미 다른 후보를 지지하고 있었다. 그러나 안 지사 앞에서 코칭하는 이야기만 들어서는 안 지사의 더없는 지지자처럼 보였다. 한편으로는 항간에 떠도는 '민주당 내 공격으로 안 지사가 탈당을 고려한다'는 주장을 불식시키기 위한 노력 같아 보이기도 했다. 흥행을 위해 노력해주되 절대 판을 깨서는 안 된다는 요청으로 생각할 수도 있는 행동이었다.

그 시간 같은 프로를 공동 진행하는 한 개그맨은 옆 대기실 한편에 팝송을 크게 틀고 앉아 자신의 대본만을 쳐다보며 남은 진행 준비에 여념이 없었다. 방송인, 언론인을 자처하고 있지만 실제로는 여전히 정치를 하고 있는 사람들 틈에서 오히려 개그를 업으로 삼고 있는 진행자가 더 진지하고 진중하게 느껴졌다. 개인적으로 느끼기에 개그맨의 표정은 마치 '너희들의 우스꽝스러운 대화에 나는 관심 없다'는 말을 하고 있는 것만 같아 보였다.

후보를 위로하는
역술인들의 예견

두 번째가 역술인들이었다. 안 지사의 호기로운 예상과는 달리 경선은 패색이 짙어져가고 있었다. 전체 흐름 역시 우리에게 오지 않자 안 지사와 캠프 모두 서서히 불안해했다. 불안한 정서 속에서 '용한 분'을 만나보라는 제안들이 안 지사에게 많이 들어왔다. 이런 만남을 주선하는 사람들은 주변 국회의원부터 시작해 지인들까지 다양했다.

안 지사는 소개받은 역술인들을 한 명씩 따로 만나기 시작했다. 실제로 초자연적인 기운이나 주역의 능력으로 도움을 주는 분들도 있었겠지만 대부분 이들의 이야기 패턴은 비슷했다. 만남의 서두에는 최근의 어려움을 미리 예상했다는 듯 감성을 어루만지는 이야기들을 했다. 그중에는 누구나 검색 몇 번이면 알 법한 노무현 대통령과 안 지사의 아픔에 대한 이야기도 많았다. 안 지사는 평소 노무현 대통령을 닮기 원해서 노무현 대통령이 자주 가던 사우나와 이발소를 이용했고, 메시지를 낼 때면 항상 노무현 대통령의 워딩을 모아놓은 마스터 파일에서 관련 주제를 찾아본 후 입장을 내기도 했다. 안 지사에게 노무현 대통령 이야기는 마치 순식간에 공감을 이끌어내는 치트키와도 같았다.

안 지사의 아픔을 어루만지는 이야기들이 끝나면 대체로 현 상황이 어렵지만, 안 지사의 신승으로 끝날 것이고, 설령 승리하지 못한다 해도 다음 대선까지는 승리의 기운이 있다는 확신 어린 이야기들이 이어졌다. 그 간단한 이야기를 말하기 위해 온갖 주역의 용어들과 계시들이 거론됐다. 경선의 승리가 점점 더 요원해지고 있는 상황에서도 결국 우리가 승리할 것이라는 역술인들의 전망에 안 지사는 깊은 위로를 받았다.

역술인들과의 첫 만남은 어렵게 성사되었지만, 안 지사와 역술인이 서로 연락처를 교환한 이후에는 수시로 연락이 이루어졌다. 역술인들은 종종 안 지사에게 하루 일정을 물어보았고, 오늘은 어떤 기운이 있으니 어떤 색, 어떤 방향, 어떤 사람을 조심하라는 말들을 했다. 역술인들의 관심과 참견은 꾸준히 이어졌다. 현실에 대한 객관적 판단보다 역술인들의 솔깃한 조언이 점점 더 절대적 기준이 되기 시작했다. 여러 정치 전문가들의 눈에도 보이지 않는 앞날의 길흉이 주술가들에게는 명확하게 보이는 듯했다. 믿고 싶은 것만 믿으려는 유혹은 점점 더 강해졌다.

해외 로비스트들의
치밀한 접근 그리고 동조

세 번째 이상한 사람들은 외국의 로비스트들이었다. 안 지사는 도지사 임기 중 수십 차례 지방정부를 대표해서 세계 각지에 순방을 갔다. 주로 투자 유치를 위해 갔고, 유네스코 선정 추진과 지방정부 간 교류 목적으로도 해외를 방문했다. 이때 도청에 오랫동안 근무한 통역 담당 공무원들은 해외에 다양한 커넥션을 가지고 있었다. 때로는 순방을 가면 도지사보다 이 통역들을 더 우대하는 모습이 보여 지사가 기분 나빠한 적도 많았다. 통역들은 국내에서는 주로 6급 공무원들이었지만, 해외 인사들에게는 자신들을 국제 담당 스페셜리스트로 소개해 직급보다 상당히 높은 대우를 받았다.

순방 목적에 맞는 방문들은 일정 초기에 모두 종료됐다. 투자 유치 협약과 교류 목적 등의 해외 순방을 위한 공개 일정은 금방 끝이 났고, 이후 일정은 주로 도지사의 관심사에 따라 이루어졌다. 개인적인 일정 등이 진행되는 이때 통역 담당 공무원들의 활약이 높아졌다. 통역들은 자신의 해외 네트워킹을 활용해 지사에게 다양한 사람들을 소개시켜주었다. 주로 공공 조직의 구성원이 아닌 기업이나 민간단체를 운영하는 인사들이었다. 이들은 지사보다 나이가 조금 어린 여성이거나 또는 남성일 경우에는 연예인 같은 모습의 젊은 여성을 대동해서 함께 자리에 나왔다.

이런 식으로 안 지사의 환심을 산 이후에는 오로지 이들이 제안하는 일정만을 수행하는 경우도 많았다. 그런 일정을 위해 해외 순방을 새로 기획하기도 했다. 다양한 루트를 통해 소개받은 이들은 실제로는 해외의 로비스트들로 추정되었다.

안 지사가 단순히 지방정부의 수장일 때 로비스트의 접근은 소수였고, 해외 지방정부의 환대도 크지 않았다. 그러나 재선 이후 차기 대통령 후보로서 언론 곳곳에서 서서히 언급되기 시작하자 해외에서도 그 가능성에 대해 관심을 보이기 시작했다. 로비스트들로 추정되는 사람들의 접근도 더욱 활발해졌다.

2016년 11월 안 지사의 대선 출마가 사실상 확정된 후 중국의 한 지방 성을 방문했을 때의 일이다. 해당 성의 성장 역시 차기 권력자로 부상하고 있던 시점이었다. 성장이 가지고 있는 권력이 절대적인 그 지역에서 안 지사는 국빈급 예우를 받았다. 사드 배치 문제로 한중 관계가 경색된 상황에서 이례적으로 중국의 지방정부는 안 지사에게 큰 환대를 제공했다. 안 지사의 차량이 고속도로에 들어갔을 때 공안들이 경찰차와 경찰 오토바이를 타고 나와 앞뒤로 호위해주었고, 동시에 고속도로는 안 지사 차량 행렬만을 위해 다른 차량들의 진입을 차단하기도 했다. 앞뒤로 공안이 화려하게 호위해주는 모습 속에 안 지사를 포함한 순방단 일행은 마치 대통령 순방을 온 듯한 환상을 느꼈다. 우리만을 위한 음악회와 화려한 영빈관 그리고 눈앞에 펼쳐지는 성장의 막강한 권력에 순방단 모두가 매료되었다.

이때 해외 로비스트들의 활약이 도드라지기 시작했다. 이들은 양 지방정부의 공식 행사에 참가했고, 다양한 일정에도 동행했다. 순방에 함께 온 도청의 일반 공무원 중 통역 담당 공무원을 제외한 다른 공무원들은 모두 이들이 함께하는 것에 대해 상당한 거부감을 가지고 있었다. 방문 국가의 공무원들 역시 신분이 제대로 검증되지 않은 로비스트들의 동행을 달가워하지 않았다.

그러나 도지사의 의중과 신뢰가 이미 이들 로비스트들에게 가 있는 상황에서 공무원들이 대놓고 반기를 들 수는 없었다. 기존 공무원들과 로비스트들 간에 일정과 의전을 가지고 종종 다툼이 있었지만 안 지사가 로비스트들의 편을 확실하게 들어줌으로써 이들에게 더욱 힘이 실렸다. 이후 로비스트들은 사전에 계획되지 않은 일정과 만남들을 여러 차례 기획했고, 선 넘는 일들 역시 추진했다.

어느 날은 순방 중 호텔 방 안에서 화려하게 차려입은 로비스트와 안 지사 두 사람이 사진 기사를 대동한 채 소파에 앉아 다정한 사진을 수십 장 찍기도 했다. 공무원들은 방 한편에서 그저 바라만 보았다. 로비스트들은 이런 친밀한 사진과 동행 이력들을 가지고 해당 국가 내 권력자와 기업인들에게 한국의 차기 권력과 친하다는 사실을 과시함으로써 자신들의 다양한 사업을 추진하는 원동력으로 삼았다. 이렇게 인연을 맺은 외국 사업가들이 한국에 방문할 때도 로비스트들은 함께 동행하여 안 지사와의 만남을 서슴없이 추진하기도 했다.

일정을 만들고 준비하는 모든 일은 비서실이 아닌 안 지사와 로비스트 간의 직접적인 대화를 통해 이루어졌다. 이런 방식으로 인연을 맺은 외국 외교부의 한 공무원은 나중에 한국 주재 대사관에 고위직으로 부임하기도 했다. 이후 어느 로비스트는 해당 고위직 공무원과 함께 다양한 공개 일정을 소화하며 한국 내 영향력을 넓혀 나갔고, 주요 국가 행사에도 초청되어 얼굴을 드러냈다.

안 지사는 한국에서 친구를 사귀듯 해외에서도 기업인, 정치인들에게 자신을 다 드러내며 격의 없이 만나기를 서슴지 않았다. 한편으로는 해외 유명 인사들과의 친밀한 관계를 통해 정치인으로서 많은 일들을 이루어낼 수 있을 것 같기도 했다. 그러나 분명한 목적과 전략을 가지고 접근해온 이들에게는 일방적으로 이용당할 수밖에 없었다. 상대국이 제공하는 적절한 명분과 자리를 즐기며 그 호의를 어떻게 갚아줄 것인가에 대해 안 지사는 늘 고민했다.

예를 들어 해외에 도착했을 때 로비스트가 소개한 현지의 사업가 중에는 여러 대의 최고급 차량을 공항에 세워두고 그 중 지사가 마음에 들어 하는 차를 타고 이동하도록 준비하기도 했다. 다른 공무원들은 미리 준비해둔 버스나 밴 차량을 이용했지만, 안 지사는 특별히 기업에서 준비한 최고급 차량을 타고 사업가들을 만나는 몇 개의 일정을 수행하기도 했다. 또한 만찬 시에는 직급은 있지만 나이가 비교적 젊은 여성 직원들을 주로 안 지사 양옆에 앉혀 술을 접대하도록 했다. 안 지사는 이 역시 처음에는 조심스러워했지만, 여러 차례 순방이 이어지며 '이쯤이야' 하는 생각에 점차 무뎌지는 모습을 보였다.

해외에서는 국내와 전혀 다른 느낌을 주었다. 안 지사는 해외에 나가면 항상 자신을 옥죄는 국내의 시선에서 벗어나 자유롭기를 원했다. 자유를 갈망하는 마음이 상당히 높아진 어느 시점에 그는 공식 순방 일정이 여의치 않자 짧은 기간 개인 여행으로 중국을 방문하기도 했다. 이때는 안 지사와 그에게 정치 자금을 후원하는 참모, 그리고 통역과 수행을 담당할 나까지 총 세 명이 함께 중국을 방문했다.

이 비공개 일정에는 중국인 여성 로비스트가 내내 동행하였고, 다양한 기업가를 만나 여러 일정을 소화했다. 중국인 기업가들은 만찬 자리에 여성 직원들을 데리고 나와 안 지사의 환심을 사려 노력했다. 안 지사가 국내 일정보다 해외 일정을 훨씬 더 좋아한 이유 중 하나이기도 했다. 주변 시선의 제약이 없었고, 더 영화로웠다.

도지사 시절 오랜 기간 친분을 쌓은 로비스트들은 경선에 돌입하자 더 다양하고 대범한 활동을 시작했다. 국내외 기업인들에 대한 소개부터 정책과 메시지에 대한 조언까지 실로 다양했다. 일정과 정책에 대한 조언은 관련 참모 그룹의 검토 없이 안 지사에게 직접 들어왔고, 이 내용은 안 지사의 공개적 메시지에 녹아들어 다시 탑다운 방식으로 참모들에게 내려왔다. 맥락 없이 갑자기 이루어지는 위로부터의 여러 지시에 일부 참모는 당황스러워했다.

새로운 각국 로비스트들의 접근은 더 집요하고, 대담한 방식으로 선거 기간 내내 지속됐다. 하루는 안 지사의 트위터 계정을 통해 외국의 한 여성이 연락을 나누기를 청해왔다. 해당 여성의 프로필 사진은 유독 젊음과 빼어난 외모를 드러내기 위해 꾸며진 듯 보였다. 스팸성 메시지 같은 느낌이 들어 조심스레 "다른 담당자를 통해 연락을 나눠보시는 게 어떻겠느냐"고 조언했지만, 이미 안 지사는 통역 앱을 돌리며 이 여성과 다양한 이야기를 직접 나누고 있었다. 얼마 지나지 않아 안 지사는 개인 전화를 통해서도 이 여성과 연락을 나누기 시작했다.

상식적인 제어와 조심스런 자제는 이미 사라졌고, 오로지 자유와 안락만을 좇는 상황이 점점 더 가속화되었다. 공직자로서의 삶보다 자유인으로서의 삶의 모드로 전환하고 있던 안 지사의 이런 태도는 곧 로비스트들에게 놀기 좋은 넓은 놀이터를 제공해주었다.

도지사 재선 이후 해외에 나갈 때면 국가 정보기관의 해외 주재원들이 호텔에 왔다. 중요한 정보를 제공하기보다는 꽃을 선물하며 얼굴 도장을 찍으려 노력했다. 해당 지역 대사관의 직원들 역시 다양한 루트를 통해 접촉해왔다. 안 지사는 정보기관 직원들에 대해서만큼은 큰 경계심을 가지며 거리를 뒀다.

순방 초창기에는 해외에 있는 기관들의 도움을 받아 사람들을 검증하고 만났지만, 도정에 자신감이 붙은 이후로는 로비스트들에 의해 소개받은 사람들을 전폭적으로 신뢰하였고, 정보기관에 의한 최소한의 검증 없이 더 쉽게 만났다. 우리 측에서는 선의로 상대를 만나더라도 목적을 가지고 달려드는 반대편의 사람들을 이겨낼 수는 없었다.

수상한 비밀 엘리트
조직과의 만남

마지막으로 이상한 사람들은 비밀조직의 일원들이었다. 안 지사에게 강연과 접견을 요청하는 모임 중에는 조직의 이름과 활동 사항, 세부 명단을 철저히 비공개로 운영하는 모임들도 있었다. 안 지사에게만 보고가 되기를 원한 그 모임의 명단에는 정부 주요 부처의 국장부터 보수와 진보에 몸담았던 각각의 고위 관료, 사정 기관의 책임자, 대기업의 후계자, 중견 기업의 상위급 임원, 유명 로펌의 변호사들까지 사회를 대변하는 많은 사람이 포진해 있었다. 공부하는 모임이라고 했지만 이 모임의 구성원을 가지고 바로 정부를 운영해도 될 정도로 치밀하고 광범위하게 조직된 엘리트 모임이었다. 부와 권력을 가진 사람들이 만나 거대한 로비의 장을 만들어놓은 것만 같았다.

경선 기간 중 안 지사는 이 모임의 초청을 받아 서울의 한 호텔 세미나룸에서 비공개 강연을 했고, 청중들의 반응도 좋았다. 안 지사는 모임 구성원의 면면과 모임이 진행되는 모습을 보며 굉장히 감명 깊어했다. 모임 직후에는 주최자들로부터 이름과 소속, 피드백이 정갈하게 정리된 문서가 안 지사에게 전달되었고, 안 지사는 자신의 메시지에 열광하는 피드백과 명단을 번갈아 보며 한 명 한 명을 기억하기 위해 노력했다. 이후에도 이 모임의 구성원들은 다양한 방식으로 안 지사에게 연락해왔다. 비밀조직을 통해 정·관·경의 유착 패턴이 견고해지기 시작했고, 안 지사 역시 엘리트 모임이 자신을 비밀리에 지원하고 있다는 사실에 큰 힘을 받기도 했다. 안 지사는 비밀리에 운영되는 엘리트 모임들을 보면서 "뛰어난 사람들은 따로 모여서 끊임없이 공부하고 토론하는구나"라고 감탄하며 말하기도 했다. 곁에서 보기에 이런 모임들은 철저하게 이해관계를 가진 채 정책의제 설정 초기 단계부터 영향력을 발휘하는 로비 집단으로 보였다. 그러나 안 지사는 한자리에 모인 사람들의 면면과 자신에 대한 호의적인 반응들을 보며 엘리트 집단에 대한 믿음과 동경심을 강하게 갖게 된 것 같았다.

추후에 안 사실이지만 이 모임은 다른 후보들도 비공개로 초청해 강연회를 가졌다.

자본가를 향한 동경

2017년 1월 출마 선언 후 본격적인 경선에 돌입하자 자본가들을 만나는 일정이 기하급수적으로 많아졌다. 후원자들과의 만남은 개별적으로도 이루어졌지만, 부유층들이 다수 모인 한 장소에 초청되어 여러 자산가를 한꺼번에 만나는 일정도 있었다. 이런 모임에는 고가의 술과 안주, 재즈를 부르는 가수들, 그리고 명품으로 치장한 사람들이 한 장소에 있었다. 전직 대통령의 손자, 산업화를 일군 기업의 손녀, 대형 병원장, 유명 변호사, 연예인 등 면면이 화려한 사람들이 많았다. 안 지사는 처음 보는 사람들이 많았지만, 기존 참석자들 대부분은 서로를 이미 잘 알고 있는 듯했다. 활기가 넘쳤지만 여유로웠고, 시간은 재즈처럼 변칙적으로 흐르는 듯했다.

자산가들은 권력을 가진 안희정을 선망하고, 안희정은 삶의 걱정 없이 자유롭게 예술을 논하는 부자들을 선망하는 과정이 이어졌다.

"저렇게 걱정 없이 돈 쓰며 마음 편히 살고 싶다."

이런 모임에 다녀올 때면 안 지사는 종종 혼잣말로 푸념했다. 평소 정치인이자 민주주의자로서 강한 자부심을 가지고 있었지만, 점차 심신이 지쳐가며 상대적으로 자유롭고 여유로워 보이는 자본가들의 삶을 동경하기 시작했다.

"뒤에서 자본을 대고, 훈수 두는 사람들이 최고야."

안 지사는 이런 말을 종종 하기도 했다. 결국 자신은 판 위의 말일 뿐, 자본을 소유한 저들이 진짜 게임체인저라는 생각을 하고 있는 것 같았다. 이전까지는 노무현 대통령과 강금원 회장을 이야기하며 '정치인과 기업인의 DNA는 서로 다르기 때문에 각자의 인생이 있다'라는 신념을 가지고 있던 그였다.

재벌가의 2, 3세들을 만나는 일정들도 집중적으로 생겨났다. 안 지사와 연령대가 비슷한 재벌 2, 3세들은 각 대기업 특성과 유사한 모습의 식당들을 잡아 대접했다. 주택가에 숨겨진 한식집에서부터 자신의 빌딩 꼭대기에 만들어놓은 개인 클럽까지 장소도 다양했다. 재벌가의 후계자들은 현역 대통령 못지않은 규모의 수행팀을 데리고 나타났는데, 이들은 주로 기업 내 최고의 직원들과 대통령 경호부대 출신의 경호원들로 구성된 수행팀이었다. 위세가 대단했다. 대통령을 하겠다고 경선에 임하고 있는 우리 수행팀의 규모가 오히려 훨씬 더 초라하게 보일 정도였다.

만남 자체는 재벌가 2, 3세들이 극도로 자세를 낮춰 안 지사를 대했기에 시종일관 좋은 분위기로 진행됐다. 호형호제를 하기로 한 사이도 있었고, 서로 직책을 부르기도 했다. 안 지사는 이들과의 만남을 통해 자본가들 위에 있는 자신의 위치값을 다시 확인하는 것처럼 보였다. 대화 중 구체적인 민원이 오가지는 않았지만, 만남을 통해 만들어지는 깊은 신뢰 관계는 훗날 기업인들에게 더 큰 이익으로 돌아갈 것임이 명확한 자리들이었다.

기업 후원자들과의 만남에는 중간에서 메신저 역할을 할 참모 한 명이 꼭 배석했다. 안 지사는 만찬 자리에서 이 메신저를 신뢰하는 발언을 많이 했고, 기업인들은 그런 신뢰의 모습을 보며 이 메신저를 통해 마음과 메시지를 별도로 전하겠다고 약속했다. 서로 복잡한 대화가 오고 갈 필요가 없었다.

메신저가 되는 이들 중에는 정치권에 몸담고 있는 사람도 있었지만, 정치권 출신으로 기업에 있는 사람들도 많았다. 주로 정치권 생리를 잘 아는 보좌관 출신들이 포진해 있었다. 그중 대기업의 대관 담당 임원은 매번 안 지사가 기업 CEO를 만나는 일정이 있을 때 미리 내게 메시지를 보내어 '지사님께서 회장님 만나실 때 내 이름 좀 꼭 언급하게 해달라'며 부탁을 하기도 했다. 이 임원은 다른 정치인들에게도 이런 식의 유사한 부탁을 했고, 이후 해당 대기업의 계열사 사장 자리에까지 올랐다. 재벌들과의 만남은 양측과 메신저 모두에게 남는 장사(?)의 자리였다.

재벌 2, 3세들과의 만남을 하고 돌아오는 차 안에서 안 지사는 종종 이런 말을 했다.

"○○씨 만나보니 생각보다 사람 괜찮네!"

자본가들 중에서도 최상위 계층인 재벌 2, 3세들과의 관계는 안 지사에게 전혀 어렵지 않았다. 상대는 예의 바른 데다 과도한 요구를 하지 않았다. 오로지 사람 좋은 미소와 일반적인 대화, 잡다한 일상의 이야기들만 나누면 되었다. 이와 달리 안 지사는 최상위 자본가들과의 관계보다 오랫동안 관계를 가져온 중소 자본가와의 관계를 유독 어려워했다. 자신이 야인 때부터 후원을 받아왔던 후원자들에게는 자유롭지 못했다.

"(노무현) 대통령님께서는 한밤중에도 후원자가 전화해서 만나자고 하면 나가셨지. 문 실장(문재인 후보)은 그런 노 대통령의 일상을 답습하고 싶지 않아서 정치도 하기 싫어했던 거고⋯. 그런데 요즘은 문 실장이 왜 저렇게 사람이 바뀌어서 대통령 하겠다고 난리인지 모르겠지만 말야. 나도 마찬가지야. 나 역시 후원자들에게 좌지우지되는 게 싫어. 하지만 또 정치라는 게 그걸 또 무시할 수 없으니⋯. 이래저래 돈으로부터 자유로워야 하는데 쉽지 않네."

안 지사도 자본으로부터 자유롭지 못했다. 경선 기간 중 안 지사는 여러 개의 일정을 끝내고 지쳐 숙소에 도착한 직후에도 오랜 후원자의 연락을 받으면 다시 옷을 차려입고 수행팀을 대동한 채 나갔다. 외부 식당에서 그 후원자와 그가 데리고 나온 사람을 만나야 했다. 소개하는 사람들은 선거에 결정적인 도움을 줄 수 있는 사람들보다 후원자의 주변 인물들에 불과했다. 또는 여성 후원자가 부를 때는 한밤중에도 꽃을 한 다발 구해 해당 여성의 집으로 들어가기도 했다.

이처럼 공식적이지 않으면서도 믿을 수 있고 탈이 나지 않는 후원자에 대해서만큼은 안 지사가 직접 관리했다. 가는 길 내내 차에서 투덜댔지만 막상 장소에 도착해서는 도움을 받아온 동생으로서의 모습으로 친밀함을 뽐냈다. 마치 배우의 눈빛이 연극 무대에 오르기 전과 후가 180도 달라지는 것만 같았다. 이 후원자들은 주로 제3자와의 접견권을 요구했다. 여러 목적을 가지고 비즈니스의 키맨이 되는 사람들을 소개해줄 것을 원했다. 정치인들에게는 등급에 따라 사회 각계각층의 사람들을 만날 수 있는 접견권이 마치 특권처럼 주어졌고, 특히 재선 도지사에 대통령 후보였던 안 지사의 소개로 만날 수 없는 사람은 거의 없었다.

그런 의무적인 만남이 끝나면 안 지사는 숙소에 들어가기 전 근처 술집에서 수행팀에게 다시 한잔하자고 했다. 숙소 부근 김치찌개 집에서 함께 소주 한두 병을 마시고 들어갔다. 많은 대화를 나누지 않았고, 술은 주로 안 지사 홀로 마셨다. 안 지사는 오랜 후원자들로부터 개인적인 도움을 받기도 했으며, 후원자 회사로부터 도청에 들어오고 싶지만 정작 들어오지 못한 일부 참모들의 월급을 제공받기도 했다.

개인적 후원자라는 타이틀은 아무나 가질 수 없었다. 검증되지 않은 사람들이 자신의 영리적 목적을 위해 후원자로의 진입을 꾀하는 경우도 많았기 때문에 오랜 시간과 검증을 거친 사람들만이 개인적 후원자로서 자리매김했다.

한번은 한 후원자의 소개로 청담동 어느 레스토랑에 갔을 때의 일이다. 오찬이 모두 끝나고 나오는 길에 레스토랑의 사장이 과일이 가득 담긴 상자 하나를 무겁게 들고 나왔다. 위에 어지러이 과일 몇 개가 놓여 있었지만, 직감적으로 그 밑에는 돈이 들어 있을 것이라는 생각이 들었다. 나는 받을 수 없다며 노상에서 사장과 밀고 당기기를 반복했다. 경선 캠프를 통해 정식으로 후원해주시면 받겠다는 부탁에도 불구하고 사장은 여러 번 차 트렁크에 상자를 실으려 했다.

결국 상자가 바닥에 떨어졌다. 위에 장식으로 올려져 있던 과일이 바닥에 널브러졌고, 밑에 있던 현금다발이 슬쩍 보였다. 과일 몇 개를 주워 상자와 함께 돌려준 채 서둘러 차량에 올라 다음 행선지로 향했다. 당일 안 지사도 이 장면을 보았지만 별다른 말을 하지 않았다. 그러나 이후 이 일은 후원을 시도했던 사람에 의해 캠프 관계자에게 보고되었고, 나는 경선 캠프 후원 담당 책임자에게 불려가 한참을 혼났다.

"야 네가 뭔데 ○○○ 회장님이 소개해준 사람 물건을 안 받겠다고 거절을 하냐? 네가 뭔데? 너 혼자 깨끗해? 진보는 돈 좀 받으면 안 돼? 우리만 깨끗해야 돼?"

혼이 나다 다음 일정 시간이 되어 안 지사와 함께 차량에 올랐다. 이동하는 차 안에서 안 지사는 내게 말했다.

"다 들었네. 그래도 다른 친구들이 돈 받는 거야 그냥 그들이 책임지면 되지만, 자네가 받는 건 내가 받는 거나 마찬가지야. ○○도(후원 담당 책임자) 입장이 있을 테니 내가 끼어들지는 않았는데, 그런 일은 이번처럼 자네가 고생 좀 해주게. 돈 이야기는 내게 웬만하면 꺼내지 말고."

안 지사는 다른 사안과 달리 정치 자금에 대해서만큼은 직접적인 언급이나 표현하는 걸 극도로 경계했다. 정치 자금과 관련된 일은 캠프 내에서도 후보가 믿고 신뢰할 만한 소수의 몇몇 사람들이 맡았다. 안 지사에게는 오랜 기간 후원금 관련 문제를 도맡아온 참모들이 몇 명 있었고, 이들의 위상은 자신들이 가지고 있는 파이프라인으로 선거 때 얼마를 확보하느냐에 따라 수시로 달라졌다. 위상에 따라 우리가 관할하거나 관여하는 주요한 정부 부처 또는 각 기관에 보낼 수 있는 인사 추천의 권한 또한 결정되었다.

후원 담당 참모들의 요청은 딱 한 가지였다. 바로 후원자와 후보 간의 만남 또는 전화 통화였다. 후보는 참모 이름을 넌지시 거론하며 관심 가져줘서 고맙다는 정도의 중의적 표현을 하고, 전국 각지의 후원자들은 후보가 직접 건 전화 한 통화로 자신이 후원한 사실을 후보도 알고 있음을 간접적으로 확인했다. 후보 역시 이런 시스템을 선호했고, 정치 자금을 확보하는 참모들은 위험하고 궂은일을 도맡아한다는 인식과 더불어 캠프 내 높은 장악력을 가지고 있었다. 캠프 주요 구성원이 활동하는 소프트머니는 대부분 이들로부터 파생되었고, 자연스레 돈에 의해 사람들은 좌지우지되었다. 많은 사람이 생활을 영유해야 했기에 돈으로부터 자유로울 수 없었다. 후원자와 캠프의 관계는 광범위하고, 밀접하게 운영되었다. 결국 최상위 포식자는 자본이었다.

여성 편력

오래전부터 수행비서들은 서로 인수인계를 주고받을 때 항상 안 지사의 여성 문제에 대한 이야기를 나눴다. 안 지사의 여성 관계에 대해서는 봐도 못 본 것이고, 외부에 알려져 문제가 되지 않도록 무조건 지켜내야 한다는 내용이었다. 일을 하는 중에도 가끔 여성과 관련된 비공개 일정들이 많았지만 주변에는 함구했다. 안 지사의 개인사라 생각했고, 관여할 일도 아니라고 여겼다.

　빡빡한 경선 일정에 후보와 수행팀 모두가 지친 어느 날이었다. 늦은 저녁 시간 사진작가와의 프로필 촬영 약속이 잡혀 있었다. 그러나 안 지사는 이 늦은 시간에 무슨 사진 촬영이냐며 취소할 수 있는 방안을 궁리해보라고 했다. 그러던 중 사진작가로부터 한 통의 전화가 걸려왔다. 유명한 여배우 ○○○ 씨가 촬영차 와 있으니 함께 간단히 식사하고 촬영을 시작하자는 내용이었다. 안 지사는 차량 기사에게 바로 속도를 내라고 지시했다. 평소 만나고 싶던 배우라며 설레어했고, 그 상황에 동승자들 모두가 잠시 웃었다. 어느 누구라도 보고 싶어 했을 배우였기에 이해할 수 있었다.

촬영장에 도착해 저녁 식사 중이던 여성 배우와 만나 인사를 나누고 함께 저녁 식사를 시작했다. 경선 기간이었기에 수많은 대중이 지사에게 열광할 때였고, 안 지사는 자신을 향한 여성팬들의 존경과 환호가 이성으로의 호감이 아닐까 하며 자랑스러워하는 말들을 종종 했다. 그날 만난 여성 배우 역시 자신을 좋아하는 사람 중 한 명일 거라고 으레 짐작한 투로 대화를 이어갔다. 평소 같았으면 조심스레 친분을 다져 나갔겠지만 이날만큼은 유독 배우에게 더 가까이 다가가 대화를 걸었다. 과도하게 가깝게 다가가 이야기를 하거나 얼굴을 뚫어지게 쳐다보며 대화하는 순간들이 반복되었다. 곁에서 보는 내 마음이 점점 더 불안해질 정도였다.

해당 배우의 얼굴에는 불쾌함이 그대로 드러났다. 배우는 저녁 식사를 간단히 마치고 일찍 자리를 떠났다. 불쾌한 표정으로 서둘러 자리를 떠나는 배우의 모습에 안 지사도 그때서야 뭔가가 잘못되었음을 인지했다. 만남은 더 이어지지 않았고, 후보가 가진 전형적인 생각의 민낯을 드러낸 해프닝이었다. 이 일이 있기 전까지는 안 지사의 여성 편력을 충족시켜주기 위한 다양한 시도가 있었다.

언론 담당 참모들은 안 지사와 여러 단위 기자들과의 만남을 주선했다. 메이저 언론사 국장급, 지역 언론사 사장단, 담당 취재기자까지 구성은 다양했다. 그중 안 지사가 가장 선호하던 모임은 단연 여성 기자들과의 저녁 자리였다. 정기적으로 이 일정이 잡힐 때면 굉장히 신나 했고, 해당 모임을 만든 참모들을 더없이 살갑게 대했다. 여성 기자들과의 모임은 외부에서도 이뤄졌지만 공관에서도 종종 열렸다. 안 지사는 공관에서 모임이 있는 날이면 도청 주변의 탁구장 또는 배드민턴장에서 운동을 하고 들어갔다. 스스로 '운동을 마치고 땀 냄새를 내며 들어가는 콘셉트'로 잡아 운동복 차림에 목에 수건을 건채 들어가기도 했다.

초청된 대부분의 여성 기자는 안 지사의 메시지를 긍정적으로 평가하고 있었기 때문에 분위기는 매번 화기애애했다. 취재기자로서 취재원과 원활한 관계를 가지는 것 또한 그들의 역할이었기에 안 지사의 이야기에 대한 리액션은 좋았고, 안 지사는 모임을 마치고 기자들을 보낼 때면 늘 한껏 상기되어 있었다.

여성 언론인들 중 일부는 안 지사와의 친분을 보도에 이용하려는 경우도 있었다. 어느 날은 라디오 방송이 끝나기를 기다렸다가 저녁을 함께 하길 바라는 여성 기자가 있었다. 사전상의 없이 별도의 인터뷰를 하고 싶다는 제안이었다. 안 지사는 마지막 일정을 취소하고 기자와 함께 저녁 약속을 잡았다. 차량에 오르며 안 지사는 평소 내 자리였던 자신의 옆자리에 그 여성 기자를 앉게 하며 내게 말했다.

"자네는 다른 일정 있었지? 잘 마치고 이따 숙소에서 보세."

안 지사가 이성을 과도하게 찾기는 했지만 한번도 공과 사를 섞은 적은 없었다. 그런데 이날은 순간적으로 배석자도 없이 언론과 만남을 잡고, 이전에 약속되어 있던 일정을 취소한 것이었다. 무슨 뜻인지 이해하고 바로 차에서 내렸지만, 그날 외곽에서 숙소가 있는 서울 도심까지 택시를 타고 홀로 이동하며 여러 생각이 스쳤다. 이때 처음으로 '내가 지금 맞는 사람을 지지하고 있는 건가? 지금 제대로 가고 있는 건가?'라는 회의 섞인 질문을 스스로에게 던졌다. 답을 구하지는 못했다. 그런 의문을 가지면서도 밤늦게 안 지사가 호텔에 도착해 찾을 캔맥주 몇 개를 편의점에서 사서 숙소 냉장고에 넣어두었다.

이외에도 안 지사에게는 여성과 갖는 다양한 모임이 있었고, 개인적인 만남을 갖는 횟수도 점점 더 많아졌다. 안 지사는 사회 변화에 대한 갈망과 정치인 안희정에 대한 기대를 곧 자신을 향한 개인적 호감으로 이해했다.

안 지사의 여성 편력과 이러한 성향을 이용해 자신들의 위치를 공고히 하려는 일부 참모들의 노력 또한 점차 속도를 내며 내달렸다. 폭주하는 기관차 같았다.

참모들의 치열한 경쟁

대선 경선 진행에 속도가 붙자 캠프 내부에서도 다양한 경쟁이 나타나기 시작했다. 앞에서는 모두가 형, 동생이었지만, 이해관계가 있는 사람들끼리는 서로를 험담하기 바빴다. 기존 캠프의 사람들은 새로 합류한 사람들의 능력과 경력을 깎아내렸고, 새로 합류한 사람들은 어떻게든 후보 눈에 띄기 위해 노력했다. 신구간의 경쟁에서 밀려난 사람들은 권력의 핵심에 자리 잡지 못했고, 외곽을 맴돌았다. 주체적 팀원이 아닌 평론가적 입장으로 바뀌는 사람들, 함께 웃고는 있지만 서로를 견제하는 사람들 틈의 알력 다툼이 캠프의 균열을 조금씩 더 키워갔다.

캠프 내 구성원들의 입지가 수시로 변하는 상황 속에서 후보의 영향력은 절대적이었고, 그럴수록 후보의 의견에 반대되는 조언을 할 수 있는 사람들 역시 사라져갔다. 오로지 짧은 경선 기간 동안 후보의 눈에 제대로 들기 위한 이합집산들이 생겨났고, 끌어주고 밀어주는 모임들은 다양한 라인으로 분화되어갔다.

그중에는 '새치기'를 시도하는 소수의 사람도 있었다. 캠프에는 합류하지 않으면서 오로지 후보의 눈에만 띄어 일종의 보험을 들어두는 방식이었다. 얼굴이 잘 알려진 방송사의 한 유명 남성 아나운서는 경선 TV 토론을 준비하는 현장에 나타나 말하는 방법을 지도해주겠다며 안 지사의 환심을 사기도 했다. 비공개로 진행된 TV 토론 준비 장소를 직접 알아내어 안 지사에게 대화를 시도하는 모습에 캠프 내 일부 사람은 불만을 토로하기도 했다. 기회를 틈타 친분을 쌓으려는 이들에게 '진보를 들먹이고 있지만, 실제로는 거만한 엘리트 모습 그 이상 그 이하도 아니다'라는 신랄한 비판들도 내부에서 이어졌다. 유명인들은 이후로도 정작 캠프 내에서는 의미 있는 활동을 하지 않으면서 후보 눈에 띄기 위해 다양한 활동을 꾸준히 이어갔다. 딱히 제재할 수 있는 방법은 없었다. 이 아나운서는 이후 문재인 캠프에서도 활동했고, 결국 공천을 받아 국회의원이 되었다.

경선 일정은 험난하고 빡빡했다. 전국 각지를 돌아다니고, 하루에도 수십, 수백 명의 사람을 만나야 했다. 지역에 가면 연락해야 할 사람들 명단이 수십 페이지의 표로 정리되어 올라왔다. 지역의 오피니언 리더도 있었고, 사업을 하는 사람들도 있었다. 지역 연락책과 비즈니스 관계인지, 단순히 친밀한 관계인지 알 수 없었지만, 지역 연락책들이 선거 승리의 명분을 가지고 요청한 연락들을 마냥 무시할 수만은 없었다. 후보는 한 번도 만난 적 없는 불특정 다수의 사람들에게 전화하는 걸 매우 싫어했다. 전화를 미루는 날이 반복됐다.

그러나 지지율 상승이 둔화되자 조직팀에 먼저 명단을 요구해 받은 리스트를 가지고 전화를 걸기 시작했다. 참모들 사이에서는 자신이 키우는 조직 라인보다 다른 사람의 조직 라인에 후보가 더 관심을 보이면 그 불만과 투정을 바로 수행팀으로 날려 보냈다. 현역인 기동민 의원이 수행실장으로 있었지만 상징적인 직책이었을 뿐 실제로 후보와 관련된 사항은 모두 후보 수행팀에 이관되었기에 이 압박과 불만은 모두 수행팀장인 내게로 향했다.

캠프 내 참모들의 치열한 경쟁 속에서 후보는 정치가 횡행하는 캠프보다 일정 사이사이 차량 안에서 휴식하는 것을 선호했다. 지난 2014년 지방선거 때도 비슷한 패턴이었기에 나와 수행팀원들은 잘 알고 있었다. 그러나 기동민 의원에게는 모두가 처음 있는 일이었다. 후보가 한적한 공터나 뷰가 좋은 곳을 찾아 차량을 주차하고 쉼을 청할 때면 기동민 의원도 차량에서 주섬주섬 자신의 짐을 챙겨 나와 공터 한편에 앉아 1시간 정도의 시간을 홀로 보냈다. 수행팀은 현역 의원이 운동장 구석에 앉아 있는 상황이 어색해서 최대한 떨어져 다른 곳에 앉았다. 그렇게 쉼을 청하다 후보가 다 쉬었다고 차에서 내게 2음절의 메시지를 보내면 우리는 다시 움직였다.

"가세"

메시지를 보고는 일행들과 함께 부랴부랴 차량에 올라 다음 일정 장소로 향하는 일이 많았다. 점점 더 캠프와 안 지사 간의 괴리는 커졌고, 그가 캠프에 방문할 때면 캠프원들의 환호와 박수를 받고 간단한 사항을 체크한 후 다시 외부로 나서는 일정이 반복되었다. 모두가 경쟁체제인 캠프와 홀로 선거를 뛰고 있다는 생각을 하는 안 지사 간의 벌어진 틈새로 무수히 많은 외부의 다양한 세력이 파고들었다.

청년팔이 정치

2017년 2월 초 대선 후보 경선이 한창 심화되던 시기, 안 지사는 정치권에 잘 알려진 한 청년 정치인과 함께 하는 일정이 있었다. 안 지사는 이 청년 정치인과 서로 안부를 나눈 적은 있지만 누구인지 제대로 알지는 못했다. 도착 전 차량에서 청년 정치인의 사진이 포함된 프로필을 다시 한번 보여주며 설명해줬고, 도착할 때쯤에야 안 지사는 청년의 이름과 얼굴을 제대로 숙지할 수 있게 되었다. 청년 정치인과 기자들이 잔뜩 기다리고 있는 장소에 도착하자 안 지사는 언제 그랬냐는 듯 청년 정치인과 반갑게 인사를 나눴고, 둘은 함께 짧은 일정을 소화했다. 청년이라는 젊고, 푸릇한 이미지가 필요할 뿐 그게 누구고, 무엇을 함께 할 수 있는지는 중요하지 않았다. 오로지 이미지였다.

캠프 내 청년 정치인들 대부분이 이미지로 소진되었다. 실무자로서의 경험을 많이 갖고 있지 못했다. 좋은 뜻으로 청년 정치를 시작했지만, 아무런 배움과 지도 없이 오로지 유세에 동원되어 율동만 하다 돌아가거나 젊은 배경이 필요한 일정에 소모되는 식으로 불려다녔다. 공직이나 기업 등에서 월급을 받으며 세금을 낸 경험을 가진 청년은 더 드물었다. 제대로 된 인사이트를 가진 청년 정치인은 적었고, 현실보다는 자신이 따르는 정치인의 이념과 성향에 맞게 행동하는 지망생들만 넘쳤다. 마치 내가 처음 도청에 왔을 때 몇 개월간 제대로 된 지도를 받지 못했던 것처럼 청년 정치인을 육성하고, 미래 지도자로 키워내는 과정 역시 존재하지 않았다.

선거 기간은 턱없이 짧았고, 캠프에서는 그 기간 허드렛일을 담당하고, 캠프의 평균 연령을 낮춰줄 말 잘 듣는 청년들만을 필요로 했다. 많은 것을 하고 싶어 캠프에 왔다가도 결국 이러한 현실에 부딪힌 정치 지망생들은 소모적인 일만 하다가 돌아갔다. 잔류한 지망생들은 모든 일을 관계로 풀어가는 얕은 정치만을 배워나가기 시작했다.

그중에서도 관계로만 일을 풀어 나가는 방법을 배우기 시작한 청년들은 캠프 내에서 만나는 정계 주요 인사들과의 관계를 자신의 자산으로 활용했다. 정치권 선배들과 저녁 술자리를 하며 친밀도를 올리고, 이를 기반으로 지역의 기초의원 자리나 추후 청년 비례에 공천받기를 원하는 식이었다. 지역 일정을 하러 가면 대부분 지역 대학의 총학생회나 청년위원회 활동을 했던 청년들이 주로 나왔고, 동원할 수 있는 청년 인원이 많은 중간급 관리자의 청년들이 정치권으로부터 우대받았다. 일이 추진되어 결과를 내는 과정에 무게를 두기보다 항상 후보의 눈에 한 번 더 띄고 인정받는 것이 이들 청년 정치 지망생들의 주된 목적처럼 보였다. 한 지역에서는 몇 명의 청년이 인정받고 싶은 욕심이 과해서 청년지지명단을 조작하기도 했고, 이에 대해 수사 기관의 수사를 받는 일도 있었다.

오히려 캠프 안에서 묵묵히 일을 하던 청년들은 누구 눈에 띄려 하기보다는 자신이 추구하는 가치를 실현하기 위해 스스로에게 주어진 일들을 찾아 조용히 하나하나 마무리해 나갔다. 그럼에도 이런 청년들은 정치인을 위한 배경으로 사용되었고, 정작 정책을 만드는 데 참여하는 청년들은 경력이 화려한 소수에 국한됐다. 목적과 의도를 가지고 모여든 청년들보다 세상을 바꾸겠다는 순수한 일념 하나로 모인 청년들이 많앉지만, 냉혹한 현실 앞에서 변해가거나 포기하는 경우가 빈번했다.

실력보다 관계에 방점을 두는 청년 정치인들은 모든 것을 인맥으로 풀어가려 했다. 경선 기간 중 안 지사와 짧은 일정을 함께하는 것으로 캠프 활동을 시작했던 한 청년 정치인은 이후 자신이 세계 여행을 가는 데 필요하다며 유력 정치인의 추천서를 받아달라고 내게 요청하기도 했다. '이 사람은 ○○인(고위직책) 제가 보장하는 사람입니다. 만나주길 바랍니다'라는 내용이었다. 결국 조직 내부의 반발로 부탁을 들어주지 못했지만, 이 청년 정치인은 자신의 세계 여행비와 추천서를 곳곳에서 구하기 위해 동분서주했다. 스스로 쌓아올리는 준비보다 주변에서 얻는 도움의 손길이 훨씬 더 수준 높다는 걸 이미 잘 알고 있는 듯했다.

청년 정치를 희망한다며 캠프에 들어온 구성원 중에는 당시 조기 대선의 원인을 제공한, 세상을 떠들썩하게 한 모 특검의 아들도 있었다. 내부적으로 누구의 아들인지 아는 사람은 소수였지만, 과연 직전 대통령을 대상으로 수사를 진행하고 있는 특검의 아들이 야당의 한 대선 후보 캠프의 실무자로 들어오는 게 옳은가에 대한 이야기가 나왔다. 그러나 모 특검의 아들을 데리고 온 책임자는 자신이 이런 거물급과 통한다는 사실을 과시라도 하듯 적극적으로 캠프에 합류시켰다. 대선 후보자 아들로서의 위상만큼은 아니었지만 실무자로서 경력이 거의 없었음에도 그는 캠프 내에서 여러 대우를 받았다. 이 청년에게는 단순한 유세 일이 아닌 캠프 전반에 대한 일들을 배울 수 있는 기회가 제공되었고, 일을 가르쳐줄 사수 또한 존재했다. 또한 캠프 안에서 불편한 것은 없는지 수시로 선배들로부터 보살핌을 받았고, 정작 일손이 필요한 일부 현장의 어려운 일들로부터는 배제되기도 했다.

　누구나 쉽게 정치권에 들어올 수 없는 구조에서 캠프에 어렵게 합류한다 하더라도 청년이 가지고 있는 배경에 따라 각기 다른 기회와 경험이 제공되었다. 돈이 있거나 집안이 좋은 청년들은 아무 걱정 없이 혜택과 보살핌을 받으며 정치를 시작했고, 돈과 후원자가 없는 청년들은 스스로 비정기적인 노동을 하며 생계와 꿈을 하루하루 이어가야 했다. 곤궁한 청년들은 속절없이 흐르는 시간과 먹고 사는 문제의 무게로 인해 현실과의 타협을 강요받았다. 민주당 내 패거리 정치는 이와 같은 현실을 기반으로 '정치를 시작하는 청년들을 관계에 줄 서도록 길들이는 것'에서부터 시작되었다.

이름팔이 정치

안 지사는 평소 봉하에 정치인들이 모이는 걸 싫어했다. 노무현 대통령을 배경으로 이용하는 정치는 3년상으로 그만하고, 이제 탈상을 해야 한다고 수시로 말했다. 한편으로 안 지사는 굳이 노무현 대통령의 이름을 이용할 필요가 없을 만큼 이미

'안희정' 하면 '노무현의 적자'로 대중은 떠올리고 있었다. 안 지사는 이미 적자로서의 강한 이니셔티브를 가진 상황이었다.

정치인이 누군가의 이름을 팔아 정치를 해서는 안 된다는 안 지사의 평소 생각은 자신의 정치 활동에도 적용되었다. 2014년 재선 이후 서서히 차기 대권 주자로 안 지사가 주목받기 시작하자 주변 사람들은 안희정 마케팅을 적극적으로 하기 시작했다. 특히 2016년 총선을 앞두고는 정점에 달했다. 그러나 안 지사는 자기 주변의 정치인들이 '안희정의 친구', '안희정의 비서실장', '안희정의 정무부지사' 등의 타이틀을 사용하며 선거에 나가는 걸 매우 싫어했다. 온전히 자신의 실력이나 비전으로 도전해야 한다고 생각했다.

한번은 '안희정의 친구'라는 타이틀을 내세우며 적극적으로 안희정 마케팅을 하고 있던 한 측근의 선거사무소 개소식에 안 지사가 초청을 받았다. 안 지사는 한참을 안 가겠다고 했지만 주변 사람들의 생각은 달랐다. 출판기념회에 꼭 와서 안희정 마케팅을 완성시켜주길 바랐다. 결국은 해당 출판기념회의 끝자락에 참석해 축사를 해주었다. 자신의 선거 공보물에 안 지사와 찍은 사진을 쓴다며 사진을 찍어달라는 요청에도 안 지사는 한참을 고민했다.

결국엔 안희정 대망론을 실현시켜줄 '안희정 사단'이 부족하다는 주변의 지적이 이어지자 여러 선거사무소 개소식들에도 참석하기 시작했고, 자신의 이름을 파는 선거 마케팅을 모두 허용했다. 스스로의 정치를 해야지 다른 사람의 이름 파는 정치를 해서는 안 된다고 말했지만, 용두사미에 불과했다. 조승래, 김종민, 정재호 의원 등이 안희정의 비서실장, 안희정의 친구 등의 홍보 문구를 사용하며 선거에 나갔고, 당선에 많은 도움을 받았다.

캠프 내부에서 몇몇 의원은 "안희정은 노무현 대통령의 측근이라는 프레임으로 누릴 건 다 누려놓고, 이제 와서 무슨 소리냐?"라며 자신들에게만 이름 파는 정치를 못하도록 하는 안 지사에 대해 우회적으로 불만을 표출하기도 했다.

2017년 1월 대선 후보 경선 기간에 돌입한 즈음에는 이미 이 경계선이 사라진 상황이었다. 이름 파는 정치가 많아졌다. 정치를 지망하는 사람들은 안 지사와 사진을 찍기 위해 줄지어 섰고, 처음 만나는 사람들이 많았음에도 안 지사는 이 사람을 보증한다는 포즈를 취하며 줄줄이 사진을 찍어주었다.

안희정 지사의 참모들 중에도 이름을 팔아 사적 이득을 취하는 데 바쁜 사람들도 많았다. 조직 내부의 측근 중 한 명은 자신의 결혼식 청첩장을 팩스를 포함한 다양한 수단을 이용해 관계 기관에 무차별적으로 뿌리기도 했다. "지사님 얼굴 보고 다 왔다더라. 이번에 생각보다 크게 벌어서 그 돈으로 서울에 아파트도 샀지!"라며 자랑하기도 했다.

조직 외부에서는 안희정의 최측근, 안희정 키즈라는 말을 스스로에게 붙이며 자신의 체급을 올리는 사례도 많았다. 정작 도청에 들어오는 시험에는 낙방해 들어오지 못했지만, 여의도에서는 본인이 안 지사의 최측근이라는 프레임으로 한껏 치장하고 돌아다니는 청년들도 있었다. 그들은 평소 별다른 교류가 없다가도 주로 공식 행사가 있을 때면 안 지사가 차량에서 내리는 장소를 사전에 알아내어 그때 잠시 공개적으로 인사를 나누고, 친분을 외부 사람들에게 과시했다. 그걸로 몇 개월치 일을 하는 것만 같았다. 그때 잠깐 보인 친근한 이미지를 통해 안 지사와 가까운 관계임을 주변에 과시했고, 그런 모습을 통해 주변으로부터 다양한 도움을 받기도 했다. 이름을 파는 정치는 대선 후보 경선 기간 중 거의 정점에 다다랐다.

진짜인 사람들은 안 지사가 올 때면 오히려 자리를 피했다. 안 지사에게 부담을 주기 싫다는 이유였다. 공식 행사가 있을 때면 행사장 뒤편에 홀로 서서 강연을 듣다가 내게만 인사를 하고 홀연히 사라졌다. 주로 자신이 일로서 인정받을 수 있거나 페이퍼를 통해 보고할 수 있는 사람들이었다.

그러나 보고를 할 수 없는 위치에 있는 최하급 실무자들은 안 지사의 눈에조차 띌 수 없었다. 공무원 조직과 비슷했다. 아이러니하게도 안 지사의 눈에 띄는 사람들은 주로 앞에서 관계만을 내세우는 사람들이 많았고, 뒤로 한 발짝 물러나 있는 사람들은 어디에서 뭘 하고 있는지조차 모르는 사람으로 인식되었다.

이름팔이 정치의 가장 큰 폐해는 시간이 가면 갈수록 모두가 자신의 일을 하는 게 아니라 항상 후보의 눈에 띄기만 바랐다는 것이다. 후보의 마음에 들기 위해 이야기를 하고, 후보의 눈에 띄기 위해 일정에 참가하며, 후보에게 선택받기 위한 일들을 했다. 후보가 참석하는 일정에는 캠프 사람들이 넘쳐났지만, 정작 캠프 안에서 묵묵히 일하는 사람들은 한정적이었다. 소는 누가 키우냐는 질문이 늘 뒤따랐다.

대통령 공부 이후 생겨난 자만

안 지사는 4년 정도 대통령 공부를 하자 어느 정도 국정의 흐름을 깨달았다고 여러 차례 말했다. 공부 초기부터 함께 했던 선생님들이 찾아오면 본인이 깨달은 정책적 흐름을 이야기해주고, 학자들에게 인정을 받기도 했다.

"지사님께서 꾸준히 공부 많이 하신 것 같네요. 자신감이 느껴져요."

그러나 초기부터 함께 한 공부 모임의 강사들은 민주당 대선 후보 경선 기간이 다가오자 2016년 9월부터 추가적인 학습에 참여하는 걸 극구 거절했다. 당시 문재인 후보의 선거 캠프도 서서히 꾸려지기 시작했고, 초기 학습에 참여해온 상당수의 학자들이 문재인 후보의 싱크탱크로 옮겨갈 것이라는 이야기가 돌기 시작했다. 당선 가능성이 우리보다 훨씬 높았다.

이후부터는 그동안의 인연으로 학습에 한두 번 더 참여하더라도 꼭 비공개, 소모임으로 진행해달라며 신신당부를 하기도 했다. 이 일을 계기로 정책 철학과 지난 정부에 대한 공부보다는 당장 일어나고 있는 현재의 문제에 대한 실질적인 답을 제공해줄 학자들로 다시 공부팀을 꾸렸다.

최초 오랜 기간 공부를 통해 얻은 결론은 결국 우리 사회가 가지고 있는 문제들은 주로 구조적인 문제이고, 이와 같은 문제를 해결하기 위해서 사회를 한 번에 뒤바꿀 만큼의 과감한 개혁을 거침없이 추진해야 한다는 것이었다. 개벽 수준의 구조적 개혁을 성공하고, 그 뒤에야 단편적 처방들이 뒤따라야 한다는 결론을 가지고 있었다.

그러나 박근혜-최순실 게이트로 인해 선거 일정이 급박하게 흘러가면서 캠프 내에서는 당장 국민이 쉽게 인지할 수 있는 단편적인 정책 아이디어들을 내놓아야 한다는 주장이 보다 더 득세했다. 이 요구가 확대되어 정책 분야별 닥터제가 시행되었다. 토론 등을 앞두고 안 지사가 궁금증이 생기면 해당 학자에게 직접 전화를 걸어 사안별로 물어보며 문제를 해결하고, 이어 캠프 내 주요 보좌진들이 국민들이 체감할 만한 쉬운 정책들을 추가로 대중에게 내놓는 형식이었다.

이즈음 안 지사는 이미 사회 모든 분야의 문제들에 대해 다 파악을 했다고 생각했고, 오랜 시간 공부를 해왔기에 이제 자신보다 더 잘 아는 정치인은 거의 없다고 확신에 차 있었다. 도정을 직접 운영까지 하였기에 실무에도 밝다고 생각했다. 학자들의 코칭과 현안에 대한 설명을 해줄 정도의 주변 도움들이면 충분하고, 캠프 내에서 여러 정책들을 쏟아놓아도 스스로가 다 실현해낼 수 있다는 강한 자신감을 가지고 있었다.

그러나 안 지사는 참여정부를 비롯한 역대 정부의 주요 정책과 세계적 흐름에 대해서는 잘 알게 되었지만, 한편으로는 매일매일 대한민국 사회에서 일어나고 있는 시사에는 약했다. 종이 신문을 읽지 않았고, 독서량도 페이스북 게시를 위한 것이 전부일 뿐 다른 시간에는 잘 읽지 않았다. 포털 메인에 뜬 인터넷 기사를 몇 개 보다가 궁금증이 생기면 곁에 있는 내게 슬쩍 구체적인 내용을 묻는 방식이었다.

이렇게 파생되는 잠깐의 질문에 답하기 위해 나는 매일 새벽 4~5개의 신문을 정독하고, 수시로 포털 기사들을 살펴봐야 했다. 질문에 답하지 못하면 지사의 불편함을 마주해야 했고, 내 스스로도 인정받을 수 있는 기회를 차버리는 일이었기에 소홀히 할 수 없었다. 밀도 있는 대답보다는 한 수준 올린 정도로의 답을 원했기에 몇 개의 신문 구독만으로도 얕은 답변을 이어갈 수 있었다.

안 지사는 시사에 약한 탓에 2016년 11월 박근혜 대통령의 국정 농단 사태가 공론화되었을 때 사안에 대해 제대로 알지 못했다. 국민들이 시위하는 것에 대해서도 제대로 이해하거나 공감하지 못했다. 따라서 추상적인 반응을 할 수밖에 없었다. 노무현 대통령의 '정치가 분노에 편승하면 안 된다'는 말만을 되뇌었다. 그런 기조로 일부러 멀리했을 수도 있지만, 일차적으로 관련 내용을 깊이 이해하지 못했고 관심도 크지 않았다. 안 지사의 공감 대상이 거리의 크고 거친 목소리의 사람들보다 소규모 모임에서 자유와 예술을 나지막한 음성으로 논하는 사람들로 이미 대체되어 있는 건 아닐까 하는 생각을 한 적도 있었다. 마치 공감의 총량을 이미 다른 곳에 써버린 것만 같았다.

2016년 11월 중순, 경선 캠프 준비단에 참여한 유명한 사회학자는 안 지사의 이러한 인식에 대해 굉장히 신랄한 비판을 했다. 국민적 분노에 편승하지 않더라도 왜 분노하는지에 대해서는 알고 있어야 하는데 안 지사는 전혀 그 내용을 모르고 있는 것만 같다고 이야기했다. 맞는 지적이었다. 이후 이 사회학자와 안 지사의 교류는 점차 줄어들었다.

4년간의 치열한 국정 공부를 통해 큰 정책적 흐름을 파악했다고 믿은 안 지사에게 날마다 주변에서 일어나는 사회의 작은 일들은 그리 중요한 사안이 아니었다. 역사적 큰 물결의 흐름 아래 모두가 함께 쏠려갈 것들이라고 믿었다. 오랜 시간 지속된 대통령 공부는 안 지사에게 미래를 이끌 수 있다는 자신감을 심어주었지만, 한편으로는 교만의 씨앗을 제공하였다.

국민과 안희정의 괴리
'선한 의지' 발언

2017년 2월 19일, 유독 일정이 빡빡한 날이었다. 전날 전북 일정을 늦게 마치고 경남으로 넘어온 다음 날이었다. 지역 방송국과의 인터뷰가 있었고, 일명 즉문즉답이라는 행사가 두 개 더 있었다. 안 지사는 출마 선언을 할 때부터 청중들과 일대일 묻고 답하는 형식의 행사를 즐겼다. 그 어떤 질문에도 답할 수 있다는 자신감의 발로였다. 각 지역을 돌면서도 즉문즉답 행사를 즐겨했고, 마침 그해 1월 초부터 지지율은 꾸준한 상승세를 이어갔다. 문재인 후보의 지지율은 30% 초중반을 유지하고 있었지만, 안 지사는 출마 선언 직후 6%대에서 한 달 사이 22%를 상회할 정도로 크게 올랐다.

즉문즉답 행사를 하나 마치고, 저녁 특강 장소인 부산대로 이동하는 차량에서 안 지사의 지지율이 올라 문재인 후보의 지지율과 크로스되었다는 내부 보고를 처음으로 받았다. 여론조사 결과를 안 지사에게 전달하자 그는 크게 고무되었고, 이대로 경선에서 이길 것 같다는 자신감을 가졌다. 캠프 내 모든 구성원도 마찬가지였다. 민주당의 대통령 후보 경선 승리가 곧 본선 승리로 인식되던 시기였다. 안 지사는 자신의 논리가 서서히 국민들에게 인정받고 있고, 이제는 누구나 포용할 수 있다는 강한 확신을 갖게 됐다. 그러다 결국 일이 일어났다.

부산대에서 즉문즉답 행사 중 안 지사가 '선한 의지' 발언을 했다.

"나는 누구도 그 사람의 마음은 그 액면 그대로 선의로 받아들인다. 특히 박 대통령에 대해 미르·케이스포츠재단도 평창 동계올림픽을 앞두고 사회적 대기업의 많은 좋은 후원금을 받아 동계올림픽을 잘 치르고 싶었던 마음이었을 것이라고 생각한다. 그것이 법과 제도를 따르지 않으면 이런 문제가 발생한다."
"이 전 대통령도 747공약 등을 잘해보고 싶었을 것이다. 그 방법은 현대건설 사장답게 22조 원을 들여 국민 반대에도 불구하고 4대강에 확 넣는 것인데 선한 의지로 받아들였다."

"그분들도 선한 의지로 없는 사람과 국민 위해 좋은 정치하려고 했는데 뜻대로 안 됐던 것이다."

'박근혜 대통령과 이명박 대통령이 선한 의지로 좋은 정치를 하려고 했는데 그게 뜻대로 안 된 것'이라는 맥락의 이야기였다. 현장에서 항의하는 사람은 없었다. 그러나 이 발언 직후 청중과 안 지사 간에 교감이 단절되는 듯한 느낌을 받았다. 강연을 듣고 있던 내게도 내내 불편한 감정이 남았다. 강연을 마치고 부산대 강연장을 떠나 돌아가는 차량 안에서 동행인들 모두 아무 말도 하지 않았다. 유독 이날따라 차량 안의 적막이 오래갔다.

대전으로 올라오는 기차에 막 옮겨 탔을 무렵 부산에 남아 있던 공보팀 스태프가 내게 전화를 걸어왔다. 한 언론사가 오늘의 '선한 의지' 발언을 기사화하려 한다는 내용이었다. 현장의 공보 담당 직원은 이 사안이 크게 번질 수 있을 것 같다고 걱정했다.

안 지사에게 바로 보고했지만, 별것 아니라는 반응을 보였다. 그는 평소 자신의 생각과 다르지 않다며 오히려 여유 있는 모습을 보였다. 캠프에서도 대중의 반응을 좀 더 지켜본 후 대응하자는 유보적인 입장을 취했다. 캠프는 진보와 보수 사이에 놓인 높은 담 위를 서커스하듯 위태롭게 걷고 있는 것만 같았다.

 하루가 지나자 언론에서는 온통 난리가 났다. 전날 문재인 후보를 막 앞섰던 지지율은 순식간에 곤두박질쳤고, 캠프도 덩달아 분주해졌다. 사과해야 한다는 의견과 후보의 의견이니 밀고 나가야 한다는 의견이 맞섰지만, 사과 의견이 조금 더 우세했다. 그러나 아무도 후보에게 제대로 된 의견을 개진하지 못했다. 캠프 전체의 대응 기조 역시 잡히지 않았고, 일부에서는 후보가 박근혜, 이명박 전 대통령을 조롱하기 위해 일부러 사용한 개념이라는 해명까지 내놨다. 모두가 좌고우면했다. 안 지사는 자신의 의견이니만큼 밀고 나가보겠다고 했다. 수행폰은 또다시 쏟아져 들어오는 항의성 메시지들로 불이 났다. 그 와중에 문재인 후보가 반응을 내놨다.

 "안희정 지사가 선의로 한 말이라고 믿는다. 안 지사의 해명을 믿는다. 다만 안 지사의 말에 분노가 빠져 있다. 분노는 정의의 출발이다. 불의에 대한 뜨거운 분노가 있어야 정의를 바로 세울 수 있다."

 안 지사는 문 후보의 반응에 더 큰 화를 냈다. 상황은 쉽게 진화될 것처럼 보이지 않았다.

 부산대 발언이 있고 난 다음 날 저녁 JTBC 뉴스룸 출연이 예정되어 있었다. 대전에서 행사를 하나 마치고, 대전역에서 서울로 출발하는 기차를 기다리고 있었다. 둘이 플랫폼에 서 있는데 한참 동안 말이 없던 안 지사가 문득 내게 물었다.

 "상철아. 내가 그렇게 잘못했냐? 상대방 이야기를 부정하기보다 먼저 선의로 생각해서 믿고 대화를 해보자는 게 그게 그렇게 분노할 만한 일인가? 자네 핸드폰 지금도 계속 울리고 있지? 그런 메시지 보내는 놈들이야말로 민주주의를 갉아먹고 있는 거야."

"네 지사님. 저는 지사님 말씀이 지금 분열만 있는 우리나라 정치에 꼭 필요하다고 생각합니다. 다만 현재 국민들이 국정 농단으로 많이 상처받은 상황에서 정면 돌파보다는 조금한 템포 줄여가시는 것도 좋으실 것 같습니다. 국정 농단 사태를 주제로 몇 분 부르셔서 좀 더 세부적으로 내용을 알아보시는 건 어떠실지요?"

"음."

안 지사는 아무 대답도 하지 않았다. 기분 나쁘다는 표현이었다. 평소 메시지를 주고받을 때도 답이 몇 분 정도 늦거나 물어본 질문에 대해 제대로 된 답이 없으면 "..." 이런 메시지를 보내오곤 했었다. 화가 많이 났다는 표현이었다. 나 역시 이 상황이 너무 답답한 마음에 순간적으로 에둘러 표현한 것이었지만, 안 지사는 서울로 이동하는 내내 불편해했다.

안 지사의 생각과 다른 보고를 하는 건 내게도 1년에 한두 번 손꼽을 정도였다. 정치적 이야기보다 식사 메뉴에 대한 다른 의견이었지, 정치적으로 다른 입장을 표현한 적은 더더욱 없었다. 안 지사 심기에 불편한 이야기를 하는 건 나를 포함한 참모들 대부분에게 정말 힘든 일이었다. 불편해하는 안 지사를 보며 '아무 말도 하지 말걸…', '너 같은 놈이 지사님의 큰 뜻을 어떻게 알고!'라는 말을 스스로에게 백번은 되뇌었다.

서울에 도착해 캠프 사무실로 갔다. 저녁 방송 출연을 준비하기 위한 독회가 준비되어 있었다. 캠프 사무실에 들어서자 캠프원들이 큰 환호성과 함께 열렬한 박수를 안 지사에게 보냈다. 박수와 환호 앞에 안 지사는 잠시 멈칫하다 짧은 연설을 했다. 그 누구도 가보지 못한 새로운 역사의 길에 우리가 함께 가보자는 내용이었다. 안 지사는 캠프원들의 밝은 표정에 안도했고, 캠프원들 역시 안 지사의 연설에 고무되었다. 그 장소에 고심과 반성은 없었다. 우리의 고차원적인 도전을 국민들이 몰라주고 있다는 아쉬움만 가득했다.

손석희 앵커와의
치명적인 생방송 인터뷰

2017년 2월 20일 여의도에서 독회와 간단한 저녁 식사를 마치고 방송 출연을 위해 저녁 8시 JTBC 뉴스룸 스튜디오에 들어갔다. 뉴스룸 1부는 이미 진행 중이었고, 안 지사는 2부 출연이 예정되어 있었다. 손석희 앵커와 안 지사는 평소 사석에서 만날 정도로 서로 믿음과 신뢰가 있었다. 안 지사와의 대담전 손석희 앵커는 앵커브리핑을 마치고 우리에게 왔다. 앵커브리핑 내용은 마침 "When they go low, We go high(그들이 저급하게 나와도 우리는 품위 있게)"라는 미셸 오바마의 말을 포함해 상대방을 '조롱'하거나 '독설'로 말하는 대신 '품격'을 보여야 한다는 메시지를 담고 있었다. 출연자를 배려한 앵커브리핑인지 확인할 수는 없었지만, 평소 우리 캠프에서 자주 주장하던 내용이었기에 안 지사는 더 반가워했다. 곧이어 앵커브리핑을 마치고 온 손석희 앵커와 방송에 들어가기 전 서로 나누는 짧은 인사에서도 정서적 교감을 곁에서 지켜볼 수 있었다.

많은 사람이 스튜디오 안에 들어갈 수 없어 당시 TV 토론과 방송에 주로 배석하던 내가 뉴스룸 스튜디오 안에 들어갔다. 돌아가는 카메라 뒤에서 방송 출연 중인 후보의 심기를 관리하고 안정감을 전해주는 게 배석자인 나의 주요 역할이었다. 오늘 낮에 한 어쭙잖은 조언의 실수를 이제 만회할 수 있으리라는 약간의 기대감을 가지고 카메라 뒤에 섰다. 안 지사 역시 어제의 '선한 의지' 발언을 조기에 진화하기에 이 방송이 최적이라고 생각하고 카메라 앞에 앉았다. 인터뷰어와 인터뷰이의 사전 관계가 있었고, JTBC의 논조도 나쁘지 않았다. 그러나 막상 카메라 불이 켜지고, 방송에 들어가자 인터뷰는 전혀 예상하지 못한 방향으로 꼬이기 시작했다. 이날따라 스튜디오의 조명이 유독 더 쨍하게 느껴졌다.

JTBC는 국정 농단 사태를 특종으로 보도한 방송사였고, 그 중심에는 손석희 앵커가 있다는 사실을 우리는 간과하고 있었다. 전날 부산대의 선한 의지 발언에 대해 안 지사가 어느 정도 먼저 수그리고 사과할 줄 알았던 손석희 앵커는 사과 없이 자신의 의견만을 적극적으로 피력하는 안 지사의 모습에 적잖이 놀라는 눈치였다. 캠프의 '우리끼리' 분위기와는 전혀 달랐지만, 안 지사는 뜻을 굽히지 않고 자신의 의견을 거침없이 개진해 나갔다. 손석희 앵커의 질문은 시작부터 날카로웠다.

> **손석희 앵커** 오늘 인터뷰는 안 지사가 주장한 바 있는 대연정 문제로 첫 질문을 던져야 하지 않나라고 생각하고 들어왔는데 갑자기 오늘 이명박 전 대통령과 박근혜 대통령의 이른바 '선의' 발언에 대한 논란이 있어서 오늘 인터뷰 첫 질문이 바뀌어야 할 것 같습니다. 야권 내부에서도 크게 논란이 되고 있어서 오늘 어떤 답변을 하실지 저도 궁금하네요. (중략)
>
> **안희정 지사** 본인들이 선의였다고 주장하시니 그대로 받아들이겠다는 말씀을 드린 것입니다. 그러나 국정농단의 수사에서 드러난 것처럼 모든 과정을 정당화시킬 수는 없는 것입니다. 일반적으로 정치적으로 어떤 주장을 대할 때 그것을 긍정적으로 선의로 액면 그대로 주장을 받아들이는 것이 논쟁을 아끼고 대화를 하는 첫걸음이다, 이 말씀을 드리는 것입니다.

양측 모두 선의로 시작한 인터뷰, 모두가 어제의 논란을 털고 가길 바랐던 인터뷰는 결국 '20세기 지성사', '통섭'의 단어가 줄줄이 나오면서 더 산으로 갔다.

> **안희정 지사** 일반적으로 학문을 하는 방식 속에서도 우리는 통

섭이라고 하는 20세기까지의 새로운 학문의 취합과 통섭이라고 하는 관점을 받아들이고 있습니다. 사물을 의심하고 분석하고 해부하는 방식이 지금까지의 20세기의 지성과 철학이었다면 지금은 그것을 분해할 수 없는 그 요소들을 모두 통섭의 관점에서 받아들일 때 그 온전한 객관적 진리에 갈 수 있다라고 하는 일정한 학문과 학문을 대하는 태도의 변화들 아니겠나 그것을 지적한 것입니다.

손석희 앵커 통섭이 모든 것을 다 아우르는 것은 아닐 수도 있습니다. 지금 말씀하신 것만 보자면, 하신 말씀만 가지고 짧은 식견으로 말씀드리자면 해부하고 분석하고 비판이든 비평이든 하는 것은 검증의 기본 아닙니까, 다시 말하면.

안희정 지사 네네 무슨 말인지 알겠습니다. 그런데 제가 그랬던 것은 정치권에서 우리가 여당이든 야당이든 상대의 주장을 지금 우리가 받아들이는 태도에 대해서 그런 관점에서 문제 제기를 한 것입니다. (중략) 우리가 선한 의지라는 단어 때문에 서로 간에 대화를 하는 데 굉장히 장애를 겪고 있는 것 같아요.

손석희 앵커 저는 별로 장애라고 생각하지는 않는데요. (중략) 판단은 시청자 여러분에게 맡기면서 이 시간을 마쳐야 되겠습니다. 고맙습니다.

손석희 앵커는 방송 중 사적인 감성을 완전히 배제했고, 마이크 앞에서는 오히려 더 날카로웠다. 전혀 자비가 없었다. 다른 주제, 다른 내용은 다루지도 못하고, 극명히 갈리는 입장 차만 생방송으로 확인한 채 인터뷰는 허무하게 끝났다. 인터뷰는 완전히 망했다.

방송이 끝나고 안 지사가 JTBC 온라인 채널로 이루어지는 SNS 인터뷰를 하기 위해 잠시 기다리는 찰나에 손석희 앵커가 아무 말 없이 안 지사와 악수를 하고는 스튜디오를 먼저 떠났다. 손석희 앵커는 안타까운 표정을 지으며 무언가 이야기를 하고 싶은 듯 보였으나 결국 별말 없이 나갔다. 의도한 바와 다르게 무언가 단단히 잘못되었음을 출연자 둘 다 느끼고 있는 표정이었다. 스튜디오에는 안희정 지사가 사전에 요청했던 추천곡이 뉴스룸의 엔딩곡으로 흘러나왔다. 제임스 테일러의 〈You've got a friend(넌 나의 친구야)〉였다.

> 당신이 지치고 힘들 때 / 애정 어린 보살핌이 필요할 때 / 아무 것도 제대로 되지 않을 때는 / 눈을 감고 나를 생각해봐 / 그러면 곧 내가 그 곳으로 가서 / 당신의 어두운 밤까지도 밝혀줄게

방송을 마치고 나온 직후 캠프의 일부 책임자들은 "지사님의 진심을 국민 모두가 알 것이다. 오늘 방송 괜찮았다"라는 말을 전화로 하기도 했다. 하지만 이후 지지율은 더 곤두박질쳤다. 캠프는 여전히 허둥지둥댔고, 후보는 이렇게 된 이상 더 강하게 지르겠다고 공언했다. 한편으로는 우리의 충정을 다른 국민들이 전혀 몰라주고 있다는 생각을 캠프의 구성원들 대부분

이 했다. 그러나 이성과 감성의 주장들이 뒤엉켜 혼돈을 이루는 가운데에서도 국민의 요구는 명확했다.

결국 다음 날인 2월 21일 오후, 안 지사는 행사 직후 브리핑을 통해 "마음 다치고 아파하시는 분들이 많다. 제 예가 적절하지 못한 점은 죄송하게 생각한다"며 사과했다. 공식적으로 유감을 표하며 사태는 일단락되었다.

그리고 패배

민주당 대통령 후보 경선 초기, 안 지사가 당선될 것이라고 믿었다. 그러나 우리 캠프는 집요하지 못했다. 장강의 물줄기가 다른 후보들을 밀어내주고 우리를 권좌에 앉혀줄 거라는 세상 뻔한 믿음만 가진 채 제대로 된 선거운동을 하지 못했다.

참여정부 당시 청와대에서 근무했던 선배들은 "선거에서 이긴다는 건 한 나라를 통째로 먹는 거다. 어마어마한 일이야"라고 수시로 이야기했다. 어떤 나라를 만들 것인가에 대한 성찰보다는 어떻게 승리하고, 어떻게 자리를 나눠 가질 것인가 하는 데에 더 무게를 두고 있었다.

정작 일하는 사람은 소수였고, 큰 장이 열린 만큼 캠프를 매개로 주변과의 관계 맺기에 집중하는 사람들이 더 많았다. 폭넓은 관계를 통해 승리가 예상되는 문재인 캠프에 줄을 넣고, 어떻게 하면 다음 정권에서 한자리를 받을 수 있을까를 더 고민하는 사람들이었다. 우회상장이 주목적인 사람들은 곳곳에 넘쳐났다.

'선한 의지' 발언 이후 지지율은 계속 답보 상태에 빠졌고, 2017년 3월 22일 전국적으로 민주당 대통령 후보 경선 투표가 시작되자 패색은 더 짙어져갔다. 후보는 힘들어했고, 더 외로워했다. 특히 예전 노무현 캠프에서 함께 일했던 사람들이 문재인 캠프에 가서 자신을 공격하는 걸 확인할 때마다 더 크게 실망했다. 경선 기간 중 만나는 진보 인사들은 선한 의지 발언 이야기를 했다. 마음은 알지만 지금은 때가 아니라며 지지 의사가 없음을 완곡히 표현했다.

민주당의 전국 순회 경선 후보 연설을 앞두고 후보 네 명이 대기하는 장소에 항상 나도 같이 있었다. 소수의 사람이 함께 있던 그 공간에서 가장 힘들어했던 건 안 지사였다. 문재인 후보는 승리를 확신하고 있어 늘 여유 있었고, 이재명, 최성 후보는 이미 무에서 유를 창출해낸 선거라고 자평했기에 자신만만했다. 대중적 인기를 얻긴 했지만 진보 진영 내부에서 온갖 공격을 받아 겨우 2위 자리를 수성하고 있던 안 지사는 대중 연설로 결과를 뒤집기 위해 원고 내용에 늘 노심초사했다.

대기실 분위기는 좋지 않았다. 거의 대화가 오고가지 않았다. 충청권에서는 이길 줄 알았는데, 안방이라고 자부하던 곳에서조차 큰 차이로 졌다. 안 지사는 우리 팀의 처절한 패배라고 말했다. 상처가 컸다. 목 놓아 소리치고, 다양한 선거 운동을 전개해 나갔지만 역부족이었다. 2017년 4월 3일 서울 고척

스카이돔에서 열린 최종 투표에서 문재인 후보가 종합 득표율 과반을 넘기며 민주당 대통령 후보로 대선에 직행했다. 우리는 결국 큰 차이로 패배했고, 3위 이재명 후보와도 0.3%p 차이 우세로 겨우 2위 자리를 지켰다. 이후 5월 9일 치러진 대선에서는 예상대로 문재인 후보가 대통령에 당선되었다.

대통령 선거일 저녁 안 지사는 캠프 내 팀장들을 안 지사의 싱크탱크인 연구소 사무실로 불렀다. 회의실에서 간단한 안주와 맥주를 한 잔씩 했다. 모두가 고생했다고 노고를 치하받는 자리였고, 다들 웃고 있었지만 슬픈 회동이었다. TV에서는 '문재인 대통령 당선'이라는 여론조사 결과가 반복해서 나오고 있었다. 이 자리에서 참모 중 한 사람이 최근 러시아를 다녀온 지인에게 받았다며 보드카를 꺼내어 안 지사에게 권했다. 안 지사는 보드카를 맥주에 섞어 두 잔 원샷했고, 얼굴은 곧 벌게졌다. 곧이어 민주당 관계자로부터 광화문의 문재인 대통령 당선 축하 무대에 와달라는 연락을 받았다.

안 지사는 "축하해줄려면 화끈하게 해줘야 혀!"라는 말을 남기고 운전기사만 대동한 채 광화문으로 이동했다. 나를 포함한 캠프 내 팀장들은 늦은 밤 맥주집으로 자리를 옮겨 방송 중계를 지켜봤다. 이날 안 지사는 광화문 무대 위에 올라 문재인 대통령 당선인의 볼에 뽀뽀했다. 모두가 웃으며 그 장면을 봤지만 술자리는 더 이상 지속되지 않았다. 씁쓸함을 간직한 채 해산했다.

잠깐의 이별,
그리고 새로운 출발

남가일몽의 선거가 끝났다. 모든 게 허무했다. 차기 유력주자라는 강력한 타이틀을 얻었지만 선거 패배는 후보와 측근들 모두에게 심적으로 너무 힘든 일이었다. 될 거라고 확신했지만 결국 졌다. 나는 이 선거에서 진 이유 중 하나가 바로 주변 참모진들의 동종 교배 때문이라고 생각했다. 항상 똑같은 사람들이 모여 똑같은 전략을 만들어내고, 과거의 영화로웠던 일들만을 답습하면서 움직이는 캠프였기에 새 시대를 열 수 없었다고 생각했다.

반면 경선 기간 중 외부에서 들어온 국회의원들과 그들의 참모진들은 기대 이상의 활약을 보여주었다. 그래서 더더욱 안 지사를 잘 아는 기존의 참모들이 모두 외부로 나가 외연을 확장하고, 경선 기간 중 캠프에서 검증된 인재들이 도청으로 들어가 안 지사와 호흡을 맞추면 다음 대선 준비는 더 착실하게 될 거라고 믿었다.

도청으로 복귀하라는 안 지사의 제안이 몇 차례 있었지만, 이런 평소 생각에 나는 안 지사에게 편지를 보내 도청에 다시 돌아가지 않겠다고 완곡하게 답했다. "새로운 사람들로 주변을 채우시고, 저는 더 많은 사람들을 데리고 오겠습니다"라는 이야기를 했다. 안 지사가 그런 나를 관사로 불러《콜라보네이션》의 인세를 받았다며 자신과 반씩 나눠 갖자고 봉투를 내밀었다. 50만 원 정도의 돈이었다. "우선은 자네 이야기대로 각자 잘 한번 준비해보고, 다시 만나세. 선거 기간 동안 나 대신 욕받이하느라 고생 많았네. 그래도 결국 우리는 함께해야 하네. 자주 연락하고!" 안 지사와 따뜻한 악수를 나누고 관사를 나왔다.

호기롭게 도청에 들어가지 않았지만 정작 바로 갈 곳이 없었다. 캠프 책임자였던 의원들로부터 자네는 후보와 항상 함께 다녔기 때문에 캠프의 상징성이 있고, 안희정 수행팀장이라는 직책도 있으니 우선 청와대에는 가지 않는 것이 좋겠다고 이야기했다. 나 역시 그 논리에 동의했다. 선거로 많이 지쳐 있었고, 자리에 대한 욕심도 없었다.

캠프 내에서 영향력이 크지 않던 스태프 몇 명이 안희정 캠프의 몫으로 청와대에 들어갔다. 안희정 캠프 내의 주요 구성원은 문재인 캠프 내 주요 직함을 받아 선거 백서에 이름을 올렸다. 그중 캠프 내 책임자급이던 일부 선배들은 자신들의 위치에 맞게 청와대에서도 수석 자리를 원했으나 기존 문재인 캠프의 핵심 멤버들에게 밀려 들어가지 못했고, 연봉이 높은 산하기관의 기관장 또는 감사 자리로 속속 자리를 찾아 들어갔다.

대한민국에는 정부의 영향력이 미치는 정말 많은 기관의 자리가 있음을 이때 새삼스럽게 알게 되었다. 경력과는 무관하게 잠시 캠프를 거쳐갔던 사람들조차 다양한 자리에 임명되었다. 우리 캠프를 통해 문재인 캠프로 우회 상장을 하려던 많

은 사람이 전략적 성공을 거두며 사회 곳곳의 높은 자리에 앉
았다.

나는 두 달 정도 백수로 생활하다 당시 정세균 국회의장실
로 가게 되었다. 정치권은 평판 조회가 필수였기에 캠프에 있
는 사람들이 나에 대한 보증을 해주었고, 안 지사 역시 정세균
의장에게 나를 적극적으로 추천해주었다.

정세균 국회의장은 안 지사에게 노무현 대통령 다음으로
가장 큰 정치적 스승이자 후견인이었다. 2010년 지방선거에
서 젊은 안 지사를 민주당 충남도지사 후보로 공천해주었고,
2014년 선거 당시에도 선거 현장에 직접 찾아와 유세를 도와
주는 등 상당히 친밀한 관계였다. 안 지사의 싱크탱크였던 연
구소의 이사장을 맡아주기도 했다.

정세균 의장의 참모들 중 상당수가 민주당 대통령 후보 경
선 당시 안 지사 캠프에서 일했다. 정세균 의장은 국회의장 이
후 기존 관례에 따라 명예로운 은퇴를 고려하고 있었고, 상징
성이 있는 종로 지역의 후임 국회의원 후보 중 한 사람으로 안
지사를 염두에 두고 있다고 들었다. 안 지사 역시 노무현, 정세
균을 잇는 종로구 국회의원으로서의 상징성과 도지사 3선을
하지 않을 충분한 명분 또한 가져갈 수 있었다. 이런 상황에서
내게는 충남과 종로 양쪽의 가교 역할이 주어졌고, 곧 국회의
장실에서 일하게 되었다.

국회에 온 이후 충남도청 공무원들이 종종 국회로 나를 찾
아왔다. 예산과 일정 등을 부탁하기 위해서였다. 이들로부터

도청 정무팀이 엉망이라는 이야기를 종종 듣게 되었다. 내 희망과는 달리 기존에 있던 정무직 사람들 대부분이 다른 곳에 가지 않고 모두 도청으로 복귀했다. 바뀌기를 바랐던 도청의 책임 있는 자리들은 기존 사람들로 똑같이 채워졌고, 막내들 자리만 경험 적은 사람들로 충원되었다. 실력과 경험보다 주로 도청에 있는 선배들의 말을 잘 들을 것 같은 후배들이 배치되었다.

큰 선거를 경험한 도청의 정무직 책임자들에게 도청 생활이 더 이상 재미있을 리가 없었다. 도청 내부의 일에 관심 갖기보다는 모두가 자신들이 일 시키기 좋은 후배들을 도청 내에 두고, 자기들은 밖으로 돌았다. 매주 금요일은 자신들의 집이 있는 서울에서 약속을 잡아 하루 일찍 올라왔고, 도청의 법인카드로 정치권 사람들을 만나고 다닌다는 이야기도 종종 들렸다. 안타까웠다. 사람들의 마음이 나와 같지 않음을 알 수 있었다.

5장

정치의 몰락

마침내 붕괴되다

미래 권력의 힘

집요해져야 이길 수 있다는 배움만을 남긴 채 경선 패배의 아픔은 서서히 잊혔다. 새롭게 시작한 국회 생활은 순간순간이 행복했다. 문재인 정부의 장관으로 임명된 분들이 국회의장실에 인사하러 올 때면 종종 나를 알아보고 인사를 나누기도 했다. 안희정 지사와 함께 공부를 했던 분들은 모임을 주도한 나를 기억하고 있었다. 국회 내 다른 고위직 공무원들도 호의적이었다. 국회의장실 직원이라는 점도 있었지만, 그보다 안 지사가 가지고 있는 미래 차기 대통령의 이미지가 고스란히 그의 측근인 내게도 이어졌다. 미래 권력이라는 타이틀은 막강한 힘을 가졌다.

안 지사와는 종종 일상과 정보들을 공유했다. 국회의장실에 보고되는 정보 중 나눠도 될 만한 고급 정보들을 골라 안 지사에게 보내주었다. 평소 주요 국가 일정의 현장에서도 오고가며 반갑게 마주했다. 나는 늘 안 지사로부터 국회에 잠시 파견 나와 있는 직원이라고 생각했고, 안 지사 역시 스스로의 휴식기가 끝나면 다시 함께 일하자고 여러 차례 내게 이야기했다.

당시 안 지사에게 도지사 3선의 생각은 없었다. 도정을 잘 마무리하고 잠시 쉬기를 원했다. 안 지사는 경선으로 지친 자신의 심신에 휴가를 주려 했다. 다만 차기 대권 도전을 위해 충남도정을 문제없이 잘 마무리 짓기를 원했다. 마무리하는 일 중 8년간 일했던 도정 기록을 정리해서 가지고 나오는 일을 가장 중요하게 생각했다. 평소 기록과 정리를 중요시했기에 도청에서 나온 이후에도 도정의 기록들을 수시로 확인하고 싶어 했다. 한편으로는 임기 직후 해외 연수도 준비했다. 좀 더 자유롭게 쉬기 위해 쉼의 대상지를 해외로 마련하길 원했다.

이런 계획들을 안 지사에게 직접 듣고, 나 역시 도움이 될 만한 일들을 찾아나섰다. 권력은 권력자와의 가까운 거리로부터 나온다는 걸 누구보다 잘 알았기에 근거리를 꾸준히 유지해야 했다. 안 지사와 지속적으로 연락을 나눴고, 그와 동시에 도청의 비서실을 비롯한 일반 공무원들과의 교류도 이어 나갔다.

안 지사의 일정도 이틀 간격으로 비서실 직원으로부터 보고받았다. 그들 각자에게 듣는 정보들을 하나하나 취합해서 내가 도와야 할 일과 내가 가져가야 하는 포지셔닝 등을 고민했다. 그와 더불어 한국 주재 외국 대사관들과의 협의를 통해 안 지사의 해외 연수 일정을 조율하기 시작했다. 업무의 주도성은 누가 시켜서가 아니라 얼마나 적극적으로 먼저 나서느냐가 중요한 점이라는 사실을 도청 생활 내내 배워왔다. 미래의 자리는 스스로 만들어야 했다.

불길한 전조:
연이은 초짜 수행비서의 임명

국회에 온 지 얼마 안 되어 도청 직원으로부터 안 지사의 수행비서가 도청에 갓 들어온 사람으로 바뀌었다는 이야기를 들었다. 직전까지는 민주당 대통령 후보 경선 당시 우리 팀의 팀원으로 있었던 신용우 씨가 수행비서를 하고 있었다. 새롭게 바뀐 수행비서는 김지은 씨였다. 캠프에서 몇 번 마주친 게 전부인 후배였다.

캠프에 자원봉사자로 참여한 사람들 대부분이 대학생들이었는데, 김지은 씨는 공무원 생활을 하다가 캠프에 왔다고 해서 열의가 대단하다고 생각했다. 실제 업무 태도도 성실했다. 매일 새벽에 사무실에 나와 다른 동료들의 자리를 청소하고, 자기 일에만 집중하는 사람이라고 캠프 내 칭찬이 자자했다.

다만 내 기억 속에는 희미한 후배였다. 전해 듣는 이야기 외에는 직접 만날 일이 거의 없었다. 대다수의 캠프 구성원들이 후보의 최측근인 수행팀과 좋은 관계를 유지하기를 원했다. 후보의 가장 가까이에서 수행팀이 해주는 자신들에 대한 평가가 곧 후보에게도 큰 영향을 미친다는 걸 모두가 본능적으로 알고 있었다. 먼저 다가와 친한 척도 했고, 스스로의 업무를 적극적으로 어필하기도 했다.

그러나 김지은 씨는 그런 시도를 전혀 하지 않았다. 수행팀에게도 늘 무미건조하게 업무 이야기만 했고, 업무적으로 마주칠 일 역시 많지 않았다. 딱딱한 태도와 자기 일만 성실하게 하는 사람으로 기억하고 있던 김지은 씨가 안 지사의 수행비서가 됐다는 이야기에 깜짝 놀랐다.

수행비서는 도지사를 대신해 각 부서에 지시 사항을 전달하고, 진행 상황을 조율해야 했기에 그동안은 조직의 생리를 가장 잘 아는 사람이 해왔다. 도청에서는 전통적으로 일명 '안면 행정'이라는 특성들이 있어 업무 추진이 잘 안 될 때는 각 부서 사람들을 직접 찾아가 얼굴을 맞대고 이야기를 할 수 있는 친밀감 역시 중요했다. 대내외적으로 큰 영향력이 있는 자리이기도 했지만, 도지사의 가족들보다 더 많은 시간을 도지사와 보내며 온갖 궂은일을 도맡아야 하는 자리였다.

그런데 도청 조직을 처음 경험하는 사람에게 수행비서 업무를 맡겼다는 소식에 의아함을 감출 수 없었다. 수행비서와 운전비서의 최종 임명권자는 가장 오랜 시간을 함께 보내야 할 안 지사였기에 왜 스스로 그런 불편함을 감수하면서까지 뽑았는지 도통 이해할 수 없었다. 후배가 고생할 모습도 예상됐지만 한편으로는 '초짜들로 인해 대선 가도에 문제가 생기면 어떡하지'라는 걱정 역시 앞섰다.

이후 대통령 행사를 비롯해 큰 국가 행사에서 가끔 김지은 씨를 봤다. 초보 수행비서였기에 업무에 낯섦이 보여 안타까웠다. 한번은 김대중 전 대통령 추도식에 안 지사와 함께 왔으나 자신은 밖에서 들어오지도 못하고 있어 출입을 도와준 적도 있었다. 사전 업무 협조와 현장 대응 능력이 하루아침에 생겨날 수는 없었다. 안 지사도 수행팀의 업무가 원활하지 않자 김지은 씨에게 도청 내 선배들이 아닌 내게 전화를 해서 궁금한 부분들을 물어보라고 지시하기도 했다.

이후 그런 일은 몇 차례 더 반복되었고, 김지은 씨는 몇 개월간 수행비서를 하다 다른 수행비서로 바뀌었다. 새롭게 임명된 수행비서 역시 안 지사 팬클럽 회원의 남편 자격으로 도청에 찾아와 처음 인사를 나눈 사람이었다. 두 번째 수행비서 역시 업무가 처음이었다. 어느 날은 안 지사와 함께 청와대 행사에 왔다가 대기 장소에서 마주쳤다. 다른 수행비서들은 모두 차량 밖을 돌아다니는데, 안 지사의 수행비서와 운전비서만 차량 안을 지키고 있었다. 창문을 두들겨 물어보니 차량에서 대기해야 한다고 이야기를 들어 자신들은 차량만 지키고 있어야 하는 줄 알았다고 했다. 더불어 이날 안 지사와 함께 청와대에 출입하면서 뭔가 문제가 있어 안 지사에게 한참 혼난 직후라 정신이 없다고도 했다. 그만큼 안 지사의 수행팀은 매번 문제를 안고 돌아가고 있는 것 같았다.

두 번이나 연달아 초짜 수행비서가 임명되어 업무를 잘하지 못하는 걸 보면서 마음이 아팠다. 안 지사의 마음이 이미 도정에서 떠난 것만 같기도 했다. 그러한 상황에서 경력 채워주기 정도로 도청의 자리들을 하나씩 소진해가는 게 아닐까 하는 걱정도 들었다. 도청의 오랜 참모들은 무엇을 하고 있는지 알수 없었다. 더한 의문은 역린이 될까 싶어 직접 묻지 못했다.

그럼에도 불구하고 다른 의문 없이 전·현직 수행비서들과는 좋은 관계를 유지해야 했다. 내가 누려왔던 것처럼 권력은안 지사와의 가까운 거리에서 더 많이 나왔고, 안 지사의 관심사와 일정의 흐름을 꾸준히 알고 있어야만이 언제 만나더라도시간차 없는 의미 있는 대화를 나눌 수 있었다. 수행비서를 통해 안 지사와 도청이 필요로 하는 도움들을 주고, 그 대가로 안지사의 관심사와 일정들을 건네 듣는 식이었다. 안 지사 역시과거 일정과 사람들에 대한 질문을 수행비서를 통해 내게 수시로 물어왔다. 이후에도 전화로 여러 도움을 주는 일은 일상이 되었다. 충남과 여의도는 거리가 멀었지만, 안 지사 주변에서 일어나는 일들은 내 바로 옆에서 일어나는 일만 같았다. 진보 진영의 행사 역시 많이 중복되었기에 현장에서도 종종 만날 수 있었다. 안 지사와의 시차는 전혀 없었다.

선배, 도와주세요

김지은 씨는 수행비서를 마치고 내려와 안 지사의 DB(데이터베이스) 정리 작업을 맡았다. 도정 기간 중 쌓인 정책 자료와인사 자료를 외부에 별도로 구축하는 업무였다. 중요한 프로젝트였고, 비용도 많이 들어가는 일이었다. 오래전부터 안 지

153

사는 이 DB 자료를 한데 모아 지속적으로 활용하고 싶어 했다. 이렇게 중요한 일이 들어온 지 얼마 안 된 직원 한 명에게 맡겨졌다는 사실에 실소를 금할 수 없었다. 김지은 씨는 전화를 통해 내게 여러 차례 하소연했다.

"다른 선배들은 대부분 도정에 관심이 없어요. 도청 공무원들도 비서실 일에 비협조적이고요. 관련 보고서도 써야 하는데 도움받을 사람도 없고, 문 선배가 도청에서 페이퍼를 많이 작성하셨다라고 들어서 자문 요청 드리게 되었어요. 지사님도 문 선배에게 물어보라세요."

자신에게 일만 몰리는 상황에서 도망치고 싶지만 생계 때문에 하루하루를 버틴다고도 했다. 남은 몇 개월의 도지사 임기 안에 지난 8년의 도정과 지사의 정치 활동을 모두 아울러 정리하는 일은 그 규모만으로도 홀로 할 수 있는 일이 아니었다. 단기간에 정책 DB 자료와 인물 정보를 선별하고, 도청부터 연구소, 안 지사 개인의 교류에 이르기까지 막대한 내용들을 정리하는 일은 오랜 도청 경험이 있었어도 하기 어려운 일이었다. 김지은 씨는 홀로 폭탄을 안고 있는 사람처럼 불안해했다. 작업을 제대로 마치지 못한 상태에서 지사의 임기가 끝나버린다면 그 책임을 홀로 안을 수밖에 없는 상황 같아 보였다.

대선 후보 경선이라는 큰 선거를 치른 안 지사 주변의 참모들에게 도청의 루틴하고 형식을 갖춰야 하는 일들이 눈에 쉽게 들어올 리 없었다. 이미 마음은 중앙 정치의 화려함에 가 있는 상황이었고, 정작 자리에 앉아 일을 처리하는 건 경험이 적은 막내들 몫이었다.

　'이 친구마저도 못하겠다고 드롭하면 그 업무는 누가 하지? DB 구축을 해놔야 정작 나중에 내가 일할 때 그 자료들을 활용할 텐데…. 그동안 시스템에 올린 나의 보고서와 거기에 달린 안 지사의 댓글들도 모두 다 사라질 텐데….' 다시 조직으로 돌아가야 할 나로서는 이 중요한 자료들이 흐지부지 사라져버리면 어떡하지 하는 걱정을 지울 수 없었다. 《콜라보네이션》 책을 만들 때 역시 이 시스템을 가장 적극적으로 활용하며 일했기에 정책 포털의 중요성에 대해서는 누구보다도 잘 알고 있었다.

　안 지사는 과거 노무현 대통령이 만든 이지원 시스템을 그대로 따라 도정에 접목했고, 수년간 이 시스템에 쌓인 기록들은 다음 대선을 위해서도 꼭 가지고 나와야 하는 상황이었다. 이 시스템에서는 정책에 대한 키워드를 검색하면 그동안 있었던 일정과 관련 보고들을 찾아 한눈에 볼 수 있었다. 또한 안 지사는 사람과의 인연을 잘 기억하지 못했기 때문에 인사와 관련된 부분들도 시스템에서 검색을 하면 만남의 기록들이 세세히 나왔다.

　그러나 현실은 대선 이후 모두가 들떠 정작 일하지 않는 상황이었고, 그대로 두면 문제가 생길 수밖에 없는 지경에 다다르고 있었다. '그래도 어떻게 되겠지'라는 생각과 한편으로는 한심함을 느끼면서도 나까지 모른 척할 수는 없었다.

　국회 일정이 끝나는 저녁 시간에 맞춰 김지은 씨에게 주로 전화를 걸었다. 일을 포기하지 않도록 타이르고, 업무에 대한 설명을 해주었다. 김지은 씨는 중간중간 힘들어서 도망치고 싶다는 말을 남기고 갑자기 연락이 안 되는 경우도 있었다. 주변에서 아무도 도와주지 않고, 스스로도 벅차 괴로워하는 후배의 일을 멀리 서울에 있는 내가 유선으로 도와주고 지도해주는 일은 나에게도 극심한 피로를 주었다.

마침 캠프에서 함께 일했던 동료로부터 몇몇 선후배들과 함께 저녁 자리를 하자는 연락을 받았다. 그 자리에는 뒤늦게 김지은 씨도 합류하기로 했다. 오랜만에 함께 모여 격려하고 힘을 나눌 수 있는 기회였다. 모두가 반갑게 인사를 나누고 많은 대화들을 나누었다. 즐거운 분위기 속에서 술이 몇 순배 돌던 중 자리에 있던 한 후배가 김지은 씨에게 어깨동무를 하고 볼을 만졌다. 잠깐 실수겠지 하는 추행은 이후로도 계속되었다.

그러나 김지은 씨는 불편해하면서도 제대로 말하지 못하고 그 자리에 얼어 있었다. 이런 상황을 잠시 지켜보다 잘못된 짓을 하는 후배를 식당 밖으로 데리고 나가 한참을 혼냈다. 그 후배는 자신의 잘못을 바로 인정했고, 다시 들어와 김지은 씨에게 술에 취해 실수했다며 정중하게 사과했다. 다음 날에도 김지은 씨에게 재차 사과를 전했다. 김지은 씨는 사과를 받아들였다.

이 일이 있고 얼마 지나지 않아 김지은 씨는 내게 전화를 걸어 고맙다고 말하며 한참을 울었다. 모두가 불편해하실 것 같아 말씀 못 드리고 있었는데 나서서 도와주셔서 고맙다고 이야기했다. 오히려 내가 제대로 된 위로도 해주지 못한 것 같아 내내 마음이 불편했다.

이 일이 있고 한 달 정도가 지난 2018년 2월 25일, 그날은 평창올림픽 폐막식 날이었다. 한남동 국회의장 공관에서 폐막식 참석을 위해 경호팀과 출발 준비를 하다 문득 안 지사 생각이 났다. 폐막식장에 오는지, 혹시 온다면 도움이 필요한지를 묻기 위해 김지은 씨에게 전화를 걸었다. 김지은 씨가 수행비서는 아니었지만 행사를 사전 체크하는 선행 업무도 하고 있었다. 며칠 전에도 안 지사가 평창 컬링경기장에 방문할 당시 김지은 씨를 통해 내게 입장 방식과 촬영팀의 촬영 방법 등에 대해 구체적으로 자문을 요청해 도와주었다. 마침 그 즈음은 평창올림픽 컬링경기장에서 한 정치인의 의전 관련 논란이 일었던 시기이기도 했다.

폐막식 참석 여부를 묻는 전화를 걸자 수화기를 통해 들리는 김지은 씨 목소리는 곧 쓰러질 것 같은 사람처럼 안 좋았다. 몸이 너무 안 좋아 말하기가 벅차다고 했다. 무언가 심각함을 느꼈다. 그게 어떤 일이든 괜찮으니 도와주겠다고 했다.

"선배, 있어도 없는 일이에요. 말씀드릴 수 없어요."

이 말을 반복하며 울었다. 불길한 예감이 들었다. 괜찮다며 도와주겠다고 여러 번 말하자 그제야 김지은 씨가 다시 울먹이며 이야기했다.

"선배, 저 지사님께 성폭행을 당했어요. 도와주세요."

157

거짓말이길

믿을 수 없었다. 안 지사에게 평소 여성 편력이 있다는 건 알았지만, 그렇다고 누군가를 성폭행할 거라고는 단 한 번도 생각해본 적 없었다. 머리가 멍했다. 도움을 요청하는 절규 섞인 목소리를 듣고 잠시 머뭇거리다 정신을 차렸다.

피해 사실에 대해 김지은 씨에게 구체적으로 물어볼 수는 없었다. 다만 대부분의 피해 사실이 해외 출장을 비롯한 업무 중에 이뤄졌고, 한밤중 담배나 맥주 등의 심부름으로 방으로 불려갔다가 범죄가 이루어졌다고 들었다. 동료들에게 피해 사실을 이야기했으나 도움받지 못했고, 전임 수행비서가 하루아침에 도청에서 나가 아르바이트를 하는 모습을 보면서 자신의 임면권을 가진 안 지사가 너무나 두려웠다고 말했다.

대략적인 피해 사실을 들으며 나 스스로에게 물었다.

"너라면 거절할 수 있었겠냐?"

쉽게 답할 수 없었다. 선배들에게 맞거나 얼차려를 받으면서도 그 조직을 뛰쳐나갈 수 없다면 감내해야 하는 것이 과거 나의 모습이었다. 그동안 나 스스로 경험한 위력에 의한 폭력과 피해자의 피해는 전혀 다를 게 없어 보였다. 게다가 정치, 언론, 사법 기관 등 촘촘하게 짜인 카르텔 안에서 가장 상위에 포진해 있는 가해자를 보면서 피해자는 고발할 엄두도 내지 못했을 것이었다.

유불리보다 무엇이 옳은 결정인지를 생각하기로 했다. 도

158

와줄 테니 우선 법조인 도움을 받아 수사기관에 신고하라고 조언을 해주었다. 도와주겠다는 말을 하면서도 한편으로는 이게 무슨 일인지 계속 어안이 벙벙했다. 가해자로 지목된 사람과의 친밀한 관계, 내 주변을 가득 메우고 있는 동료들의 시선들이 문득 스쳐갔다. 그동안 피해자가 여러 방식으로 주변에 도움을 요청했음에도 모두가 모른 체하며 지내왔다는 사실 역시 충격적이었다.

안희정을 통해 세상을 바꾸고 싶었던 지난 7년여의 여정이 이렇게 허무하게 끝난다는 사실을 쉽게 받아들이기 어려웠다. 무엇보다 나는 피해자보다 가해자와 더 가까운 사이였다. 평창으로 향하는 내내 머릿속이 복잡했다. 마음이 쉽게 정리되지 않았다. 심장은 터져나갈 듯 요동쳤다. 국회의장과 경호 차량 행렬의 선두에서 달리는 경찰차의 사이렌이 유독 더 눈에 들어왔다. 빨강과 파랑으로 교차되는 사이렌의 색이 마치 내 마음의 행방 같았다. 경망스럽게 좌우로 정신없이 움직였다.

아무리 생각해도 피해자가 거짓말로 피해 사실을 이야기할 이유가 없었다. 본인이 얻는 건 범죄로부터 구조받는 것, 그리고 또 다른 피해자를 막는 것일 뿐, 오히려 이 고발로 인해 잃을 것들이 더 많아 보였다. 김지은 씨의 생사여탈권은 이 순간까지도 안 지사에게 있었다. 그 어떤 직업보다도 정치권에서는 평판 조회가 꽤 큰 영향력을 발휘한다. 정무직이 직장을 옮길 때 정해진 채용 규정이 많지 않아 전 직장 사람들이 그 사람을 어떤 식으로 평가하는지를 다방면으로 알아본다. 또한 정치권 바닥이 좁기 때문에 소수의 의도적인 악평만으로도 그 사람 전체의 평가를 나쁘게 할 수 있다. 물론 그중에 가장 영향력이 큰 평가는 단연코 전 고용주의 평가다.

특히 김지은 씨의 경우에는 정치권에 온 지 얼마 안 된 신참이었기 때문에 안 지사와 그 조직의 평가가 절대적일 수밖에 없었다. 이 고발과 동시에 피해자는 정치권에서 퇴출될 것이 뻔해 보였고, 정치권 출신이라는 딱지가 붙어 자신이 있던 공직에도 쉽게 돌아갈 수 없을 상황이 눈에 선했다.

가까운 현직 경찰에게 슬쩍 물었다.

"주변 지인 중에 직장 상사에게 성폭행을 당해 고발을 고민 중이라고 하는데 이럴 경우 어떻게 해야 할까요?"

"문 비서관, 예전에 나랑 동료로 있던 한 팀장도 자기가 잠복수사 하러 밤새 나가 있는 중에 와이프가 성폭행을 당했어. 자기가 일 때문에 밤새우느라 와이프가 당했다는 고통도 컸지. 근데 결국은 신고 안 하고 그냥 이사 가더라고. 물론 오래전 일이긴 한데, 성범죄는 재판 과정 자체가 너무 힘들어. 입증하는 일도 고통이고. 그 지인한테 다시 한번 생각해보라고 해."

그는 회피하고 도망치는 길이 나을 수도 있다고 조심스레 답해주었다.

이런 상황이었지만 피해자가 내게 범죄를 고발하고 도움을 청한 이상 외면할 수는 없었다. 피해자가 법적 고발을 준비하는 동안 아무에게도 이야기하지 않고 신변의 위협으로부터 보호해주는 정도가 내가 할 수 있는 최선이었다.

이후 김지은 씨로부터 곧 고소장을 낼 예정이라는 이야기를 들었다. 다만 상대가 차기 대권 주자로 막강한 권력을 가지고 있는 상황에서 단순히 법적 고발만으로는 이 사건이 쉽게 진행되지 않을 것 같다는 변호인의 조언이 있었다고도 말했다. 방송에 출연해 피해 사실을 밝히는 게 어떻겠느냐는 이야기도 들었다며 내 생각은 어떤지 의사를 물었다. 나는 반대했다. 굳이 방송에 나가 피해 사실을 알려봤자 고통받는 건 피해자일 뿐이라고 생각했다. 법은 공정하고, 세상의 상식이라는 것도 있는데 아무리 유력한 대통령 후보라고 한들 범죄 사건을 쉽게 조작하지 못할 것이라고 판단했다. 또한 내가 아는 안 지사라면 고발 직후에 자신의 잘못을 사죄하고 인정할 것이라고 생각했다. 방송에 나가는 문제는 다시 상의하기로 하고 대화를 마쳤다.

상상하고 싶지 않지만 만약 안 지사가 김지은 씨에게 범죄를 저지른 게 사실이라면 그동안 다른 직원들에게도 그런 일을 저질렀을 확률이 높았다. 예전에 한 여자 선배로부터 "지사님 너무 믿지 마. 그렇게 좋은 분 아니야"라는 이야기를 들었던 기억이 문득 스쳤다. 당시에는 그 선배가 도청을 그만두게 되어 억울한 심정으로 안 지사를 나쁘게 이야기하는 게 아닐까 치부했었다. 몇 년 전 그 장면을 다시 되돌려보니 선배의 표정과 말투, 내게 건넨 메시지가 마치 SOS를 보낸 것 같다는 생각에 닿았다. 선배를 포함한 피해자로 추측되는 사람들을 만나 확인해야만 했다. 김지은 씨의 고발이 이루어진다면 그들의 신변 또한 분명 위협받을 수밖에 없었다.

2018년 3월 5일이 되었다. 김지은 씨한테 그날 저녁 JTBC 뉴스룸에 출연 여부를 고민 중이라는 이야기를 들었다. 정계부터 사정기관에 이르기까지 다양한 네트워크를 가진 사람을 고발하는 일이었기에 수사기관에 고발만 할 경우 자신이 누군가로부터 죽임을 당하거나 이 사건 자체가 흐지부지될지도 모른다는 극심한 두려움에 떨고 있었다. 출연을 고민하고 있는 중에 가해자와 가해자 주변인들로부터도 계속 전화가 온다며 혼란스러워했다. 생명의 위협을 느끼는 상황 속에서 김지은 씨와 그 어떤 말도 침착하게 나누기 어려울 정도였다. 김지은 씨는 방송 출연도 아직 결정되지 않았고, 설사 출연한다 하더라도 얼굴과 실명을 밝힐지 여부도 계속 고민 중이라고 했다.

그러던 중 당일 늦은 오후부터 안희정 지사의 성폭행 사건이 방송에 나올 거라는 지라시가 여의도에 돌기 시작했다. 피해자의 방송 출연이 이미 많이 알려진 상황에서 근거리에서 일하는 정세균 국회의장에게 보고를 안 할 수 없었다. 저녁 퇴근 전에 이런 방송이 나올 수도 있다고 짧게 보고했고, 정 의장은 좋지 않은 표정으로 알겠다는 답변을 했다. 이날은 추가 피해자일 것으로 예상되는 후배와 저녁 8시에 만나기로 약속을 잡은 날이었다. 후배는 만나는 이유를 알지 못한 채 내가 있던 국회 사무실로 왔다.

후배와 막 대화를 시작하려던 순간에 켜져 있던 국회의장 비서실 TV에 김지은 씨가 나왔다. 결국 국민들에게 공개적으로 보호를 요청하는 것이 가장 나을 것 같다는 결정을 한 것 같았다. 숨 막히는 가해자 주변인들의 연락도 출연을 종용하는 데 큰 압박으로 작용했음을 어렵지 않게 추측할 수 있었다.

후배와 함께 넋을 놓고 방송을 봤다. 나를 만나러 온 후배는 방송을 보다 갑자기 울기 시작했다. 그 모습을 보고 아무것도 묻지 않았다. 지금 일어나고 있는 일이 현실이 아니기만을 다시 바랄 뿐이었다. 화면에 비친 김지은 씨의 바짝 마른 입술, 그리고 내 앞에서 소리 내어 울고 있는 다른 후배의 모습이 양눈에 각각 힘겹게 들어왔다. 믿을 수 없는 장면이 비집고 들어오는 동안 내 눈 역시 발갛게 반응하고 있었다.

'내가 이 범죄를 용인한 무수히 많은 공범 중 하나다.'

가장 가까운 참모로서 파렴치한 범죄가 일어나는지조차 알아채지 못했고, 범죄가 일어난 이 거대한 권력의 성을 쌓는 데 일조했다. 또 다른 피해자로 추측되는 후배와 국회 앞 카페로 자리를 옮겨 피해를 당했다는 사실만을 확인한 채 세부 피해 내용은 더 묻지 않았다. 카페에서 대화를 나누는 그 잠깐의 시간 동안 후배에게는 안 지사 주변 사람들로부터 계속 전화가 쉬지 않고 걸려왔다. 카페에 앉은 주변 사람들의 말소리도 생생하게 들려왔다. 모두 안희정 이야기를 하고 있었다. 실시간 검색어 1위부터 10위까지가 모두 이 내용이었다.

그날 밤 안 지사는 페이스북에 자신의 잘못을 인정하고 용서를 구하는 짧은 글을 올렸다.

모든 분들께 정말 죄송합니다

무엇보다 저로 인해 고통을 받았을

김지은 씨에게 정말 죄송합니다

저의 어리석은 행동에 대해 용서를 구합니다

합의에 의한 관계였다는 비서실의 입장은 잘못입니다.

모두 다 제 잘못입니다

오늘부로 도지사 직을 내려놓겠습니다

일체의 정치 활동도 중단하겠습니다

다시 한번 모든 분들께 정말 죄송합니다

안희정 올림

내가 평소 알고 있던 안 지사답다고 생각했다. 자신의 잘못을 인정하고 사과를 하는 모습에 안도했다. 이 사건이 순리대로 정리될 거라고 믿었다. 한편으로는 내가 쌓아온 모든 정치적 커리어가 여기서 끝나고 있음을 알 수 있었다. 너무 슬펐다. 하지만 받아들여야 했다. 모든 게 끝났다.

안희정 지사는 3월 6일 오전 사직서를 제출하고, 도지사직을 사임하였다. 이후 한동안 잠적하였다. 안 지사의 사직 직후 김지은 씨 역시 도청으로부터 사직 처리당하였으며, 아무런 보호조치를 받지 못했다.

폭풍의 시작, 넘쳐나는 위선

다음 날 아침 정세균 의장은 한남동 공관에서 출근하는 차량 안에서 내게 말했다.

"나는 어제 자네가 퇴근 직전에 말한 게 안희정 지사의 수행비서가 어디 가서 다른 사람을 성폭행했다는 말로 들었어. 어제 늦은 시간부터 기자들한테 자네 묻는 전화가 많이 오던데 당분간 본청은 나오지 말고 한 일주일 쉬게. 그리고 정치적으로 오해나 공격을 받을 수도 있으니 관련된 공개 언행은 최대한 자제하게."

국회 본관에 도착해 바로 자리를 정리하고 사무실을 나왔다. 기자들과 안희정계 의원들로부터 전화가 계속 왔다. 이들 중 일부는 내게 "이상한 여자애 하나 이야기 듣고 이게 무슨 일이냐? 먼저 조직에 이야기했으면 같이 방법을 찾아볼 수 있었을 텐데 말이야. 왜 외부에 알리도록 그냥 둬서 이 사단을 만드냐? 최소한 언론이나 적들로부터는 지사님 보호할 수 있었잖아?"라는 말을 하기도 했다.

질책하는 안희정계 의원들에게 '내용을 정확히는 모르지만 김지은 씨가 거짓말로 인터뷰를 할 이유는 없을 것 같다. 바로잡을 일이 있으면 바로잡아야 하지 않겠느냐' 정도의 맥락으로 이야기했다. 기자들에게는 전혀 모르는 일이라고 답했다. 대부분의 통화를 짧게 마쳤다. 최초 보도한 방송사 내부에서도 취재 상황이 외부로 유출되는 정황이 보이는 상황에서 다른 언론사 역시 쉽게 믿을 수는 없었다.

왜 이렇게 전화가 많이 오는지 상황 파악을 해보니 내 실명을 교묘하게 틀어서 만든, 이 사건의 배후에 내가 있다는 내용의 음모론성 지라시가 여의도에 돌고 있었다. 지라시를 이용한 공격은 대선 때 자주 쓰던 방식이었고, 대략 어디로부터 어떤 소스를 받아 누가 뿌리고 있는지 예상할 수 있었다.

통상 정보지의 소스는 처음 취재를 한 언론사의 내부 다른 직원, 그중에서도 캠프와 관계가 있던 기자들이 취재 상황을 정보 보고 형태로 캠프에 비밀리에 공유하고, 캠프 내에서는 그에 맞는 적절한 거짓 정보를 새롭게 추가해 다시 주변 친한 기자나 지라시를 유통하는 홍보 대행사에 뿌려 지라시가 한 바퀴 돌고 나면, 그 세탁된 지라시를 다시 캠프 관계자들이 지지자들 단체방에 올려 각종 커뮤니티에 퍼나르는 방식이었다.

캠프는 사라졌지만 그 일을 맡던 사람들은 유사한 일을 하고 있었다. 한때는 동료였던 내게까지 이런 식의 저열한 공격을 집중하는 걸 보면서 화가 치밀어 올랐다. 주도했을 사람을 직접 찾아가 따지고 싶었지만 공개적으로는 나설 수 없었다. 감정을 가라앉히고, 이런 짓을 했을 만한 사람에게 메시지를 보냈다. 더 이상 이런 허무맹랑한 지라시를 보내지 말아달라는 내용이었다. 내게 돌아온 답은 '두 번째 피해자가 언론에 나오지 않게 막아주면 멈추겠다'는 내용이었다. 추측했던 바가 맞다는 확신을 할 수 있었다.

믿을 만한 사람들을 찾아 만나기 시작했다. 안희정 지사가 혹시 생을 마감이라도 하면 어쩌나 하는 걱정에 이 상황을 빨리 종결 짓고 싶었다. 안희정을 위해 함께 일했지만 대부분이 가치를 중요시하는 사람들이었기에 모든 게 망가져가는 이 상황에서 일말의 도움이라도 줄 것이라고 믿었다. 국회의원과 옛 동료들을 번갈아 만났다. 찾아가서 슬쩍 이야기를 꺼내면 대부분 안 지사 욕을 하면서도 동시에 피해자도 욕했다. 더 나아가 자신들의 정치적 여정에 새로운 어려움이 생겼다며 이제 어디로 갈아타야 할지 걱정이라는 말들을 쏟아냈다. 한 국회의원은 이렇게 말했다.

"노무현 대통령이 결국 시계 받은 거나 달러로 자식들 돈 주다가 문제된 건 사실 아냐? 결국 그게 드러나니까 주변 사람들을 걱정해 자살하신 건데… 감사하게도 결국 그 자살로 인해 말끔히 정리돼서 주변 사람들이 피해를 덜 본 거지. 그때와 지금 상황이 너무 비슷해서 안 지사도 걱정된다."

마치 자신들의 안위를 위해 안 지사가 책임지고 사라져주기라도 바라는 것 같은 뉘앙스였다. 안 지사가 없어지면 바로 그 자리에 제단을 세우고, 바로 제를 지낼 것만 같았다. 안 지사를 위한 제가 아닌 자신들의 부활을 자축하는 제 말이다. 이런 문제를 만드는 데 일조한 자신들의 잘못을 반성하지 않고 말도 안 되는 예를 들며 커리어 걱정만 하는 이들에게 신물이 났다.

일부 언론에서는 김지은 씨가 수행비서 업무 당시 안 지사와 함께 촬영된 영상들을 찾아 방송하기 시작했다. 김지은 씨의 얼굴에 빨간색 동그라미까지 쳤다. 지라시에는 김지은 씨 사진이라며 엉뚱한 사람의 선정적인 사진을 포함한 거짓 이야 기들이 돌았다. 지라시 내용은 비정상의 방향으로 폭풍같이 흘러갔다.

나는 개인적으로 미국 국무부의 제안을 받아 2018년 3월 24일에 워싱턴 D.C.에서 열리는 IVLP(세계 지도자 연수 프로그램) 참가를 위해 미국 출국이 예정되어 있었다. 선발 과정에 스스로 많은 노력을 기울였고, 미국의 외교정책 결정 과정을 배울 수 있는 프로그램이었기에 2018년 초부터 3월 말만 기다리고 있었다. 그러나 범죄 사실을 들은 이후부터 모든 일이 긴박하게 흘러갔고, '미국에 가는 일정을 취소해야 할 수도 있겠구나' 생각하게 되었다. 실망하고 포기해야 하는 것들이 하루하루 많아졌다.

미투 이후 내가 겪는 세상은 그 이전에 알던 세상과 달랐다. 진실은 대선을 방불케 하는 선전전 앞에 쉽게 호도되었고, 정의는 먹고사는 문제 앞에 고리타분한 개념으로 치부되었다. 나 역시 그동안 기득권자로서 세상을 누리고 있었기에 내가 발 딛고 있는 곳을 여유롭고 공정한 세상으로 착각했을 뿐이었다. 실제의 세상은 턱없이 불공정했고, 기울어져 있었다. 많은 사람이 지나가다 날 만나면 뒤에서 수군거렸다. 손가락질과 비아냥거림이 눈에 보일 정도로 대놓고 나를 비난했다. 고개를 들고, 어깨를 펴고, 웃으며 다녔지만, 마음은 회복할 수 없을 만큼 찌그러져 있었다.

168

한편, 민주당은 JTBC의 보도가 나온 직후 3월 6일 당 윤리심판위원회를 열어 안희정 지사를 전원 일치 의견으로 제명하였다. 윤리심판원은 안 지사에게 소명 기회를 주었으나 안 지사는 소명하지 않았다. 2018년 6월 지방선거를 앞두고 있던 시점에서 '안희정 마케팅'을 하던 수많은 후보들이 안희정 이름이 들어간 현수막을 급히 철거했고, 일부는 출마를 포기했다. 국회를 비롯한 정치권 내에서는 차기 유력 대권 주자인 안희정 지사도 고발된 이상, 다른 수많은 정치권 미투들이 봇물처럼 터져나올 가능성이 높다고 예상하기도 했다. 보수 세력은 진보 세력을 향해 자기들만이 도덕적이고 양심적이라고 주장하더니 공허한 메아리였다고 비판하기도 했다. 곳곳에서 큰 파장이 일고 있었다.

몰아치는 여론전

2018년 3월 9일 오후 5시, 전날 기자회견을 취소한 안희정 지사는 검찰에 일방적으로 자진 출석했다. 검찰은 조사 준비가 되지 않아 출석을 요청하지 않은 상황이었다. 안희정 지사는 당시 수사를 진행하던 서울서부지검 앞에서 입장을 밝혔다.

"국민 여러분 죄송합니다. 잘못했습니다. 저로 인해 상처를 입으셨을 많은 국민 여러분께 또 도민 여러분께 죄송하다는 말씀 올립니다. 그리고 제 아내와 아이들 가족에게 너무 미

안합니다. 국민 여러분 죄송합니다. 앞으로 검찰 조사에서 또 성실히 조사받겠습니다. 죄송합니다. 국민 여러분들이 저에게 주셨던 사랑과 격려, 정말 죄송합니다."

피해자에 대한 사과는 없었다. 정치인의 메시지만 있었다. 기존 사과와 인정의 입장에서 피해자에게 적극적으로 반박하며 법적 대응을 하는 쪽으로 입장을 선회한 것으로 보였다.

이후 여론전은 더 거세졌다. 마치 대선 운동을 하듯 안 지사를 방어하기 위해 모든 자원이 총동원되었다. 대선 후보 경선 당시 온라인 여론전을 담당했던 사람은 미투 직후 안 지사 단체지지 온라인방에 지사를 끝까지 지키겠다는 말을 남기고 기존의 단체방들을 하나씩 없애 나갔다. 내가 포함되지 않은 새로운 연락 채널을 만들어 나갈 것을 추측할 수 있었다. 이 사람은 다른 피해자의 페이스북에 찾아가 모욕성 댓글을 여럿 달기도 했다.

그 직후부터 온라인 댓글창에서 지라시의 생산과 유통까지 모든 게 조직적으로 이루어졌다. 댓글 여론을 만드는 데 매크로와 같은 프로그램이 사용된 것으로 의심된다는 보도도 있었다. 피해자를 마녀로 만들기 위한 공작은 광범위하고 신속하게 이루어졌으며, 그 공격의 화살은 내게도 쏟아졌다.

안 지사의 바뀐 입장은 결국 지지자들에게 우리는 떳떳하다는 보상 심리를 주었고, 그 무언의 강력한 지시는 지지자들을 하나로 결집시키는 데 큰 효과를 보였다. 안희정이라는 인공의 신을 믿는 광신도들은 온라인상에서 더 구름처럼 몰려다녔다.

　김지은 씨는 가혹한 2차 피해를 받다 결국 생을 마감하겠다며 사라졌다. 사라진 김지은 씨를 주변 사람들이 찾아 나섰지만 도저히 찾을 수 없어 경찰 수사 의뢰까지 하려 했던 상황이었다. 다행히 사라진 지 20여 시간 정도 지난 후에 피해자 보호 단체의 한 관계자가 한강변에서 싸늘하게 얼어 죽음을 고민하던 김지은 씨를 겨우 찾아 보호 장소로 데리고 갔다. 지금까지 굳건히 버텨오던 피해자도 점차 정신적으로 무너져내리고 있었다.

　당시 김지은 씨의 직전 수행비서로서 중요한 법정 진술을 앞두고 있던 신용우 씨는 자기 아이의 유치원에 어느 신원 미상의 사람이 전화를 걸어와 아이를 데려가겠다고 말하는 일을 겪기도 했다. 나중에 경찰 수사를 통해 신원 미상의 사람이 기자 신분이라는 것이 밝혀지자 그 기자는 곧 회사를 그만뒀다.

　이 일이 있던 시기에 내 가족에게도 안 지사의 부인으로부터 연락이 왔고, 아이의 안부를 묻기도 했다. 내게는 상당히 큰 압박이었다. 나 역시 주변 사람들에게 상황의 심각성을 알리고 다른 곳으로 피신해 있도록 조치했다. 온라인에는 내 실명을 거론하며 온갖 욕과 살해 위협을 하는 글이 끊임없이 올라왔다. 정세균 국회의장의 트위터에도 나를 비난하는 수많은 메시지가 들어와 있었다. 신변의 위협을 느끼는 상황은 계속됐다. SNS를 들여다보지 않는 것을 제외하고는 대응할 수 있는 방법이 없었다.

고민과 정신적 중압감이 강해지던 어느 날, 왼쪽 어금니가 깨졌다. 이후에는 뇌 한쪽을 도려내는 것 같은 아픔에 시달렸고, 오른팔에 마비 증상이 왔다. 겁이 났다. 감각은 곧 돌아왔지만 평소 같지 않았다. 말수가 적어졌고, 누굴 만나는 일이 부담스러워졌다. 있는 그대로의 사실을 말하는 행위가 얼마나 어렵고 고통스러운 일인지 몸으로 느껴야 했다. 몸과 마음의 병이 너무 심해서 도저히 버틸 수 없을 것 같았다. 국회의장실에 사직서를 냈지만, 곧 반려되었다. 시간은 더없이 더디게 흘러갔다.

모르는 사람들이 온라인에서 떠드는 건 모른 척 지나갈 수 있었다. 사실을 알지 못하는 사람들이었고, 선전전에 이용되는 불쌍한 지지자들이었다. 그러나 내게 손가락질하는 많은 인물들 중에는 나와 함께 몇 년을 동고동락했던 사람들도 있었다. 좋은 기억이 많은 사람들이었고, 그들과 함께 세상을 바꾸려 했었다. 모두가 잘사는 세상을 만들기 위해 좋은 정치를 하자고 함께 외쳤던 사람들이었다. 그런 사람들의 변화된 눈빛과 거짓말하는 모습이 나를 가장 힘들게 했다. 무질서를 견디며 인간의 존엄성을 세우겠다고 호기롭게 생각했지만 쉽지 않았다.

안희정 지사의 가족부터, 친구, 예전 직장 동료들까지 내게 끊임없이 연락해왔다.

"어차피 네 인생도 안 지사 정치 인생 끝나면서 함께 끝났어. 아무것도 기대하지 말고 그만두고 고향에 내려가."

"네가 모시는 정 의장님 관련된 지라시도 얼마든지 만들수 있다. 의장님께 누 끼치지 말고 그년 그만 도와줘."

진실을 찾아 나선
안희정 지사 둘째 아들

정치인의 자녀들은 조직 내에서 거의 '영애'에 가까운 대우를 받는다. 눈에 보이지 않는 유력 정치인 자녀로서의 높임과 혜택은 늘 존재한다. 안 지사의 첫째 아들도 캠프 내 국회의원들을 '삼촌', '이모' 등의 호칭으로 보란 듯이 부르며 현역 의원들과 격의 없는 사이임을 주변에 과시하는 것처럼 보였다. 캠프 내에서 역시 후보 아들에 대한 존중과 우대는 존재했다. 첫째 아들이 필요로 하는 일들을 도청 내 직원들이 대신해주기도 했다. 도지사 공관에는 빨래와 청소, 집안 관리를 해주는 남녀 직원 두 명이 상주하며 여러 일을 했다. 왕정 시대는 아니지만, 왕을 만들고자 하는 조직에서 후보의 아들은 이미 왕자나 다름없었다.

평소 안희정 지사의 둘째 아들은 달랐다. 자신이 안 지사의 아들로서 대우받는 것을 경계했고, 스스로 있는 그대로의 모습으로 존중받는 존재이기를 원했다. 정의로웠고, 의협심이 많았다. 가정의 지원을 받아 일을 처리하기보다 웬만한 일은 자기 주도적으로 해결했다. 자신의 생각을 명확히 이야기할 줄 알았고, 사회문제에 대해 정확한 주관을 가지고 있었다. 그와 난 나이 차이가 꽤 났지만 잘 맞았다. 소탈한 모습에 마음이 갔고, 서로 생각하는 방향이 비슷했기에 친하게 지냈다. 일이 일찍 끝나는 날이면 가끔 시간을 맞춰 술잔을 기울이기도 했다.

미투가 있고 얼마 지나지 않아 안 지사의 둘째 아들로부터 전화가 왔다. 지금 일어나고 있는 이 일들이 어떻게 된 일인지 진실을 알고 싶다고 했다. 그동안 다른 사람들에게는 잘 모른다고 대답했지만 이 친구에게만큼은 알고 있는 내용을 있는 그대로 공유해주고 싶었다. 내가 아는 선에서 사건의 자초지종을 설명하고, 현재 생각하고 있는 추가적인 피해 의심자들에 대해 이야기해주었다. 말해줄 수 있는 내용에는 한계가 있었다. 이때부터 안 지사의 둘째 아들은 본인이 직접 나서서 진실을 찾으러 다니겠다고 말했다. 아버지와 어머니, 그리고 다른 피해자로 의심되는 사람들을 만났고, 그 대화 내용을 내게도 공유해줬다.

둘째 아들은 피해자로 추측되는 사람들을 직접 만나 그 대화를 녹음했다. 그 녹음된 파일 속에는 내가 피해자로 추측했던 한 선배의 절규 어린 목소리도 들어 있었다. 2010년 도지사가 된 이후부터 성범죄 피해를 당해왔고, 주변 사람들이 알면 큰일 날 일이기에 지금껏 비밀로 지내왔다는 맥락의 이야기였다. 내가 도청에 들어갔을 초창기부터 도청의 생활을 도와주었던 선배이자 안 지사에 대한 부정적 이야기를 한 몇 안 되는 사람 중 한 명이었다.

"지사님 그렇게 좋은 사람 아니니까 너무 믿지 마."

평소 이 선배를 실력이 없어서 도청에서 잘리고 뒤에서 도지사 욕이나 하는 사람쯤으로 생각해왔었다. 가끔 이 선배가 아주 경멸 어린 눈으로 지사를 쳐다보는 걸 옆에서 본 적이 있었고, 이후 더 이상 가까이하면 안 될 조직의 부적응자 정도로 여겨왔다. 그런 지난 나의 모습이 떠올라 스스로가 너무 원망스러웠다. 그때 더 선제적으로 묻거나 도움의 손길을 내밀었더라면 제2, 제3의 피해자는 막을 수 있지 않았을까 하는 생각도 들었다. 그런 범죄가 도지사 초창기부터 이어져 온 거라면 결국 내가 보아오고 옹위했던 정치인은 처음부터 한낱 신기루에 불과한 존재였다. 사람을 짓밟는 행위 위에 그 어떠한 미래도 있을 수 없었다.

그밖에 몇 명이 더 있었다. 추가적인 피해 사실을 간접적으로 들으며 안 지사의 범죄 사실에 대해 더 강한 확신을 갖게 되었다. 과거의 지난 기억 몇 가지가 떠올랐다. 2014년 도지사 선거 캠프 직원 중에는 짧은 미니스커트를 즐겨 입는 여성 후배들이 있었다. 개인의 취향이기에 전혀 신경쓸 일이 아니었지만, 유독 몇 명의 여자 선배들이 후배들에게 심하게 지적하며 꾸지람을 줬던 일이 있었다. 심하게 질책하는 선배들 중에는 안 지사 미투 이후 피해 사실을 호소한 사람도 있었다.

"앞으로 짧은 치마는 절대 입지 말고, 지사님 곁에는 너무 가까이 가지 마. 따로 부르시면 꼭 언니한테 이야기하고!"

당시에는 전혀 이해할 수 없는 여자 선배들의 발언이었지만, 다시 떠올려보니 안희정 조직 안에서 피해를 입은 사람이 할 수 있는 최선의 조언이었음을 추측할 수 있었다.

그러나 한편으로 안타까웠던 점은 이 피해 사실을 고백했던 사람들 대부분이 지금은 결국 안 지사 곁에 서서 김지은 씨를 공격하는 데 동참했다는 사실이다. 그들이 그들 스스로를 지킬 수 있는 방법이 결국 안희정, 김지은 두 사람만의 문제로 이 일을 한정해버림으로써 자신들의 범죄 피해 사실을 숨기는 방식이었다.

그들의 공통점은 한 번씩은 조직 내에서 철저히 소외되거나 고립된 경험이 있는 사람들이라는 것이었다. 최대한 안전하고 조용하게 이 상황을 모면하고 싶은 그들의 선택을 존중할 수밖에 없었다. 세상에 이보다 더한 부조리는 존재하지 않을 것만 같았다.

이후에도 안 지사의 둘째 아들은 다양한 사실들을 직접 확인해 알려주었다. 피해자 측에 증거가 많지 않으니 '말 대 말' 싸움으로 가려고 하고, '꽃뱀'이라는 여론으로 몰고 있다는 이야기도 안 지사 주변 사람들이 말하고 있음을 전해주었다. 피해자들에 대한 심한 험담들도 있었다. 안 지사의 둘째 아들은 당시 수사를 담당하고 있던 서울서부지검에도 자신이 알게 된 사실을 자료로 정리해서 녹음 파일과 함께 직접 제출하러 가기도 했다. 그러나 서울서부지검에서는 가족의 고발이기에 받아들이기 곤란하다며 그대로 돌려보냈다고 했다.

새롭게 알게 된 범죄 사실들에 경악하고 실망하면서도, 한편으로는 둘째 아들을 말리고 싶기도 했다. 정작 그에게는 '스스로의 판단을 존중한다'는 말 이외에는 그 어떠한 조언도 해줄 수 없었다. 말릴 수도 없었다. 그저 이 부조리한 상황이 빨리 끝나기만을 바랄 뿐이었다.

모든 것을 의심하고
검증하는 검찰 조사

서울서부지검에서 수사관으로부터 연락을 받았다. 참고인 조사를 위해 검찰에 출석해달라는 내용이었다. 조사할 내용이 방대하기 때문에 하루가 꼬박 걸릴 것 같다고 이야기했다. 워낙 언론의 관심이 높고, 신변에 위해를 가하는 사람이 있을 수도 있으니 서부지검 근처로 와서 연락하면 차량을 보내주겠다고 했다. 처음 경험해보는 참고인 조사였기에 검찰에서 요구하는 대로 따를 수밖에 없었다.

안희정 지사가 자진 출석하여 조사를 받은 다음 날인 2018년 3월 10일, 서부지검 근처에 도착해 전화를 하자 수사관들이 승합차를 몰고 나와 나를 차량에 태우고 서부지검 지하 주차장으로 들어갔다. 지하 주차장에서 별도 통로를 통해 검사실로 올라가자 신분을 확인한 후 담당 검사에게 참고인 조사를 받기 시작했다. 내가 누구인지, 범죄 피해 사실을 처음 들었을 때의 상황은 무엇인지, 내가 일했던 도청의 업무 환경은 어땠는지 등에 대한 질문들이 이어졌다. 조사는 아침에 시작해서 자정이 넘어 끝났다.

열두 시간이 넘는 조사를 받으며 마치 내가 잘못을 한 범죄자가 아닐까 하는 생각이 여러 차례 들었다. 그만큼 검찰의 조사는 집요하고, 꼼꼼했다. 내가 알고 있는 것들을 있는 그대로 진술했음에도 그것에 대해 끊임없이 의심을 품고 그 의심이 명백히 해소될 때까지 묻고 또 물었다. 오전에 물어본 질문을 오후에 다른 표현으로 바꿔 물어보며 중복 체크하기도 했고, 내가 이야기하는 내용들을 뒷받침할 구체적인 자료들도 요구했다. 그렇게 모든 진술과 내용들이 정확히 확인되어서야 진술은 끝이 났다.

조사를 받는 중간중간 검사 앞에 놓인 전화기로 검찰의 고위직들로 추정되는 사람들이 전화를 걸어왔다. 전화를 받는 검사의 태도에서 높은 사람임을 알 수 있었다. 수사 상황을 묻는 사람들이 단순히 궁금해서 연락한 것인지, 아니면 정보를 간접적으로 확인하기 위해서 연락한 것이었는지는 알 수 없었다.

"검사님, 높은 곳에서 전화가 많이 오나 봐요?"

"아, 사회적 관심 사안이잖아요. 다들 궁금해하시죠. 다시 조사 시작할까요?"

전화에 대한 대화는 더 이어지지 않았다.

참고인이었기에 나를 대하는 검사의 태도는 친절했지만, 묻는 질문들은 모두 날카로운 의심에서부터 시작했다. 조사 시간이 열 시간이 넘어가자 내가 지금 어디에 있는지조차 헷

갈리기도 했다. 조사 중간 잠시 쉬는 시간에 검사실 밖 복도를 걷는데, 모든 게 흰색 사각 시멘트로 둘러싸인 건물 안이 마치 미로같이 느껴졌다. 건조한 시멘트 냄새가 강하게 났다. 어지러움에 잠시 넋을 놓고 있으면 쓰러질 것만 같았다. 그렇게 오랜 시간 참고인 조사를 받고 건물 밖을 나오자 영혼까지 탈탈 털린 것 같은 느낌이었다.

건물 밖에서 바람을 쐬고 있다가 우연히 퇴근하는 담당 검사와 만났다. 지하철도 끊겼고, 자신도 퇴근하는 길이니 자신의 차로 태워다 주겠다고 했다. 앞좌석에 부산하게 널려 있던 짐들을 뒷좌석 유아 카시트 위로 던져놓고 자리를 정리해주었다. 차를 얻어 타고 집으로 돌아가면서 문득, '그래 결국 다 사람의 일이야. 흔들리지도 겁먹지도 말고 지금처럼 정석대로만 가자'라는 생각을 했다. 아득해져 있던 정신이 자리를 찾아 돌아왔다. 생각을 마칠 때쯤 금세 집에 도착했다.

2018년 3월 19일 오전 10시, 안희정 지사가 두 번째 검찰 출석을 했다. 처음 조사 때는 패딩을 입고 초췌한 모습으로 서부지검 앞에 섰지만, 이날은 양복을 입고 정제된 모습으로 나타났다. 정치인에게 옷은 무언의 메시지와 같았다. 조사실로 향하면서 취재진에게 다시 입장을 밝혔다.

"다시 한번 모든 분들께 죄송합니다. 합의에 의한 관계였다고 생각합니다. 하지만 고소인들께서 그런 것이 아니었다고 하십니다. 사과드립니다. 검찰 조사를 성실히 받겠습니다. 그리고 그에 따른 사법처리도 달게 받겠습니다. 저를 사랑하고 격려해주신 많은 분들께 그리고 제 아내와 가족들에게 죄송합니다. 검찰조사를 성실히 받겠습니다."

범죄 행위에 대해 고의가 없음을 분명히 하면서 '위력에 의한 간음'이 성립되지 않는다는 주장을 하고 있었다. 더불어 도의적 책임을 인정하는 듯한 뉘앙스를 보이며 자신을 향한 강경한 여론을 달래는 듯 보였다. 평소 안 지사의 연설 방식은 아니었다. 명쾌하지도 진솔하지도 않았다. 법조인의 항변에 가까운 짧은 입장으로 보였다. 이후 안 지사에게 구속영장이 두 번 청구되었으나 두 번 모두 기각되었다. 피의자가 도망할 우려가 있다거나 증거를 인멸하고 있다는 소명이 부족하다는 사유였다.

이후 안희정 지사는 대학 동창의 집에 머물렀다. 야산에 있는 컨테이너 숙소에서 하루 한두 끼 정도의 식사를 하고, 매 끼니 밥을 반 공기도 먹지 않으며, 밤에 잠을 잘 이루지 못한다는 내용의 보도가 나오기도 했다. 언론은 피해자의 고통보다 가해자의 근황에 더 관심이 있는 듯했다.

나는 이후에도 검찰 조사를 세 번 더 받았다. 내가 경험한 그대로의 내용들을 답했기에 반복되는 참고인 조사가 어렵지는 않았다. 한편으로는 '검찰 수사라는 건 처음부터 뭔가를 꾸며서 받을 수 있는 게 아니구나. 이렇게 꼼꼼하게 조사한다면 범죄 사실도 명명백백 밝혀지겠네'라는 생각도 했다. 검찰이 처음에는 의심에서 시작했지만 지금은 안 지사의 범죄를 어느 정도 확신하고 있다는 느낌을 받았다. 그렇게 관계인들이 가진 각자의 시간은 모두가 검찰에서 흘러갔다.

경험한 것을
그대로 말하는 것의 무게

모두가 검찰 조사를 받던 시기에 한 후배도 검찰에 출석해 조사를 받았다. 이 후배는 도청에 안 지사의 운전 담당 비서로 들어왔지만, 얼마 안 되어 평소 피부병 치료를 위해 바르던 약 냄새 때문에 안 지사로부터 다른 업무에 조정 배치된 적이 있었다. 그럼에도 동요 없이 자신의 업무에 최선을 다한 성실한 후배였다. 선거 이후에는 선배들로부터 별달리 인정을 받지 못해 정치권에 다시 들어오지 못하고 있었다. 평판이 가장 중요한 동네에서 평소 당돌한 이 후배를 선배들은 좋게 평가하지 않았다. 취업을 하지 못해 어려워하는 후배를 직접 데리고 안 지사의 싱크탱크로 불리던 연구소에 찾아갔다. 책임자에게 후배의 취업을 간곡히 부탁했고, 다행히 연구원으로 들어가게 되었다.

이 후배는 안희정 사건 미투 이후 약 열 시간의 조사를 받았다고 했다. 자신이 조사를 받는 중에 서부지검 근처에 안 지사 측 사람들이 기다리고 있어 위축이 됐었다고 말했다. 그 무리들은 서부지검 바로 근처 카페에 자리를 잡고 후배의 참고인 조사가 끝나기만을 기다렸다가 조사받고 나오는 후배를 만났다. 그들은 우선 간단하게 어떤 내용을 조사받았는지를 물었고, 이후 며칠 간의 시간을 주어 검찰 조사 내용을 정리해 보고서로 제출할 것을 지시했다고 했다. 그는 지시받은 내용과 메시지들을 내게도 공유해주었다. 이 후배는 이 일로 인해 조사 당시에도 큰 압박을 받고 있다는 사실을 검찰에도 진술했다고 말했다.

그러던 어느 날 밤, 후배는 자신의 차를 몰고 와 잠깐 드라이브를 가자며 여의도에서 나를 태우고 파주로 갔다. 그곳에서 막걸리 한 잔을 따라주고는 내게 말했다.

"형, 저 살기가 너무 어려워요. 아이도 곧 태어나고, 이제 한 집안을 책임져야 해요. 가야 할 길도 멀고요. 경험한 대로 말하는 게 이렇게 힘들지 몰랐어요. 앞으로는 더 못 도와드려도 형이 좀 이해해주세요."

민주주의를 제대로 해보고 싶다고 정치권에 들어왔던 친구였다. 많이 지친 표정에 그 어떤 말도 보탤 수 없었다. 후배의 어려운 마음을 추측할 수 있었다. 심적으로 고통을 나누던 후배였기에 나 역시 극심한 외로움을 느꼈다. 막걸리 한 잔을 나 혼자 비우고, 둘 다 아무 말 없이 차에 탄 채 여의도로 돌아왔다. '경험한 걸 그대로 말하는 일'에 대한 무게감을 새삼 다시 경험했다. 사람들은 2018년 3월 5일 이후 잠시 주춤했지만 상황이 전개되는 걸 보면서 여전히 누가 힘을 가지고 있는지를 알았다.

6장

정치의 끝

진실을 밝히다

재판이 시작되다

2018년 4월 11일 검찰은 안 지사를 기소했고, 같은 해 6월 15일 첫 재판이 시작되었다. 전체 재판은 공개로 진행되었지만, 신변의 위협을 받고 있던 나는 비공개로 재판에 출석했다. 출석일에 서울서부지방법원 앞에서 증인지원관을 만나 법원 내 대기실로 이동했다. 법정에 출석하는 건 처음이었기에 모든 게 낯설고 떨렸다. 증인지원관이 이런저런 말들을 걸어주었고, "경험한 대로, 기억나는 대로만 말씀하시면 된다"는 조언을 해주었다. 덕분에 마음의 안정을 찾고 법정에 들어갔다.

재판정에 들어서자 엄숙한 표정의 판사 세 명, 그리고 양옆에 검사들과 안희정 지사의 변호인들이 각각 반대편에 앉아 있었다. 안희정 지사의 변호인들은 대부분 경력이 화려한 변호사들이었고, 바로 얼마 전까지 부장 판사로 재직하던 전관도 보였다. 변호인들 뒤에 흰색 가림막이 있었고, 그 뒤에 안 지사가 앉아 있었다. 안 지사는 수시로 마른기침을 하며 같은 장소에 존재하고 있음을 알렸다. 재판 진행 도중 이야기하고 싶은 게 있을 때는 직전까지 부장 판사였던 변호사를 가림막 뒤로 직접 불러내어 이야기했다. 변호사는 허리를 굽히고 한껏 정돈된 자세로 안 지사의 이야기를 경청했다.

얼굴을 직접 마주한 건 아니지만 미투 이후 안 지사와 처음으로 같은 공간에 있다는 사실에 마음이 복잡했다. 안 지사의 표정과 생각들이 가림막 너머로 투명하게 보이는 듯했다.

자리에서 일어나 선서를 했다.

"양심에 따라 숨김과 보탬이 없이 사실 그대로 말하고 만일 거짓말이 있으면 위증의 벌을 받기로 맹세합니다."

나를 향한 참고인 심문이 시작되었다. 그동안 검찰의 참고인 조사 중 진술한 내용들에 대해 검사가 다시 하나하나 확인하는 질문들을 했다. 검찰 측 질의가 끝나자 곧이어 피고인 측 변호인들의 질의 순서가 되었다. 안 지사의 변호인들은 공격적인 질문들을 이어갔다.

그러던 중 '안 지사가 나의 갓 돌이 지난 딸을 안고 있는 한 장의 사진'을 판사 옆 대형 스크린에 띄웠다. 도지사 공관에서 비서실 직원과 가족들이 모두 모여 식사를 할 때의 모습이었다. 안 지사가 아기 띠를 한번 착용해보고 싶다고 하여 아기 띠를 한 채 아이를 안고 찍은 그 사진이었다. 이렇게 증인의 아이를 안아주고 사진 찍었을 만큼 민주적인 지도자라는 주장을 하기 위한 의도로 보였다.

그러나 당시 증인이던 신용우 씨의 자녀 어린이집에 신원 미상의 누군가가 전화를 걸어 찾아가려고 했던 일이 벌어졌었고, 나 역시 주변인들을 향한 신변의 위협들을 직간접적으로 받아온 상황이었다. 딸아이의 사진이 재판정에 띄워진 모습은 내게 적잖은 압박을 주었다. 바로 재판장에게 말했다.

"죄송하지만 제 딸아이 사진까지 이렇게 올리는 이유에 대해서 정확히 저는 모르겠습니다. 왜 재판정에 제 딸을 안고 있는 가해자 사진을 저렇게 올리시는지 그 저의가 궁금합니다."

이런 취지의 이야기를 하며 사진을 내려줄 것을 요구하자 안 지사 측 변호인들은 질문에 참고만 할 것이라며 즉각 반대 의견을 냈다. 판사는 잠시 멈칫했다. 그러다 이 사진은 일단 증거로 나와 있기 때문에 채택은 하고 사진은 내리라고 했다. 변호인들은 사진을 내린 채 주장을 이어갔다. 피고인이 이렇게까지 증인과 격의 없이 지냈다는 것을 보여주려 한다는 주장을 이어갔다. 동시에 내가 말한 안 지사가 행사하는 큰 권력에 대한 주장을 탄핵하려 했다.

안 지사 변호인들이 나의 가족까지 들먹이며 엉뚱한 주장을 하는 걸 보면서 조금이나마 남아 있던 안 지사에 대한 연민과 동정이 모두 사라졌다. 엄혹한 재판이 진행 중임에도 그동안 나는 쓸데없는 사념의 사치를 부리고 있었다.

다시 증언을 이어갔다. 내가 경험했던 일들을 그대로 진술하는 건 어렵지 않았다. 안 지사의 내로라하는 여러 변호인들이 역할을 나누어 다양한 질문을 했다. 화려한 경력을 가진 변호사들이 다양한 시도를 했지만, 있는 사실을 없도록 만들 수

는 없었다. 나를 몰아붙이는 변호인들의 모습에 화가 나기도
했다. 화를 참으며 내가 아는 선에서 있는 그대로를 진술했다.

재판 사이사이 판사가 내게 정색하며 이런 맥락으로 몇 차
례 묻기도 했다.

"고소인과 페이스타임으로도 통화한 것 같은데요?"

"업무 때문에 주로 통화를 했지만 페이스타임으로까지 통
화한 적은 없는 것 같습니다."

"여기 있잖아요?"

판사가 계속 몰아붙이자 옆에서 지켜보던 검사가 말했다.

"판사님 이 표는 페이스타임 통화를 했다는 게 아니라 구
분에서 그런 항목이 있다는 내용의 자료입니다."

진술이 모두 끝나고 자리에서 일어나려 하는 어수선한 분
위기에서 판사가 또 내게 말했다.

"이건 속기할 거 없어요. 증인! 하나만 물을게요. 오래전부
터 이런 일이 있었다는 걸 알고 있었죠?"

몇 시간 동안 성실하게 진술한 시간들을 무의미하게 만드
는 질문이었다.

"지금까지 말씀드린 것처럼 미투가 있기 직전에야 알았습
니다."

판사는 더 이야기를 하지 않았고, 증인 심문은 끝났다. 진
술하는 내내 사실을 말하고 있다는 자부심이 있었는데, 담당
판사의 마지막 질문을 듣고, '이게 무슨 상황이지? 이미 결론
을 내고 묻는 건가?' 하는 생각이 언뜻 스쳤다. 불편했다.

재판을 마치고 뒤쪽 통로로 걸어 나올 때 검사들이 말했다.

"문상철 씨가 저쪽의 기라성 같은 변호사들에게 당당하게 말할 때 통쾌했어요. 오히려 저쪽이 궁지에 몰리던데요. 오랜 시간 고생하셨습니다."

칭찬은 차치하더라도 몇 시간의 재판 출석은 너무나 고됐다. 정신 줄을 금방이라도 내려놓을 것만 같이 혼미했다. 김지은 씨는 이 재판에서 열여섯 시간을 진술했다고 들었다.

이후에도 1심 재판 기간 중 재판에 한 번 더 출석했다.

부조리의 향연

재판은 계속되었다. 가해자 측에 선 증인들의 발언은 연일 언론에 대대적으로 보도되었다. 예를 들어 호텔 결제를 피해자가 했고, 출장 시 가해자와 가까운 방을 달라고 했으며, 순방 기간 중 아무렇지 않게 조식을 진행할 식당을 찾아 헤맸다는 증언이었다. 더불어 피고인과 격의 없이 지낼 정도로 가까워 보였다는 말도 있었다. 증인으로 나온 대다수의 사람들이 옛 동료들이었다.

그들이 '처음'이고, '이례적'이라고 말하는 대부분의 일들은 수행비서의 대표적인 업무였고, 노동이었다. 전임 수행비서들 역시 오랫동안 다 해왔던 일들이었다. 호텔을 이용하더라도 안 지사는 프런트 직원들과 접촉하고 싶지 않아 했기에 수행비서가 호텔 결제를 했고, 추후 출장비로 정산을 받거나 정산이 안 되는 경우에는 수행비서가 부담해야 할 때도 있었다.

새벽 한두 시에도 안 지사가 부르면 달려가서 맥주나 담배 등 필요한 물품들을 가져다주어야 했다. 답이 늦거나 늦게 가지고 오는 경우에는 "..." 점 세 개의 문자가 왔다. '길게 표현하지는 않겠지만 나는 지금 굉장히 화가 나 있다'는 압박의 표시였다. 점 세 개 안에 포함된 짜증과 압박은 경험한 사람들만 알 수 있는 꾸중 직전의 단계에 버금가는 문자였다. 통상 문자를 받고 5분에서 10분 이내로 필요한 물품들을 가져다주었다.

순방 기간 중 가장 가까이에서 도지사의 심기와 기호를 챙기는 일 역시 수행비서의 중요한 업무 중 하나였다. 아무리 비싼 호텔이라도 수행비서만큼은 부득이한 경우를 제외하고 대부분 지사와 같은 호텔을 이용했다. 수행비서는 언제든지 부르면 금방 달려가야 했기 때문이다. 방이 많이 비싸거나 없을 경우에는 수행비서만 같은 호텔에 머무르고, 운전비서는 근처 모텔에 가서 자고 오기도 했다.

일반인들은 수행비서가 어떤 업무를 하는지 잘 몰랐기에 사건 자체만 떼어놓고 봤을 때 '성범죄 피해자가 호텔 결제를?', '다음 날 아침 식당을 찾아?'라는 의문을 가질 수 있겠지만, 이는 피해자가 특별하게 한 일이 아니라 오래전부터 이어져온 수행비서의 업무들이었다. 가까이에서 수행비서의 기초적인 업무를 충분히 봐왔던 사람들이 전혀 몰랐다는 듯이 그런 증언을 하는 걸 보고 놀랄 수밖에 없었다.

더불어 증언을 한 사람들 대부분은 평소 안 지사의 위세와 권위에 압도되어 제대로 된 보고조차 하지 못했거나 신뢰를 잃은 사람들이었다. 그런데도 가해자 측 증인들은 마치 피해자가 특별하게 한 일처럼 발언했다. 잘나가던 자신들의 인생을 피해자가 벽으로 막아섰기에 이제는 파괴의 대상으로 규정짓고, 몰아가는 것처럼 보였다. 반성과 성찰은 보이지 않았다.

일부에서는 피해자의 말투와 표정 등이 문제라고 지적하는 사람들도 있었다. 평소 안 지사는 주변 사람들의 표정 변화에 굉장히 예민하게 반응했다. 대중 연설을 할 때에도 청중들의 호흡과 표정을 보며 자신의 메시지 톤을 조정할 정도였다. 그런데 자는 시간만 빼고, 늘 함께 있는 수행비서의 말투와 표정에 문제가 있다면 안 지사는 분명 지적했을 것이다. 피해자가 피해를 받으면서도 조직밖에 갈 곳이 없다고 판단한 이상 직장 상사와 부하로서의 말투와 표정은 필수 불가결한 것이었다. 더불어 여러 조사에서 피해자와 가해자 간의 애정 관계를 입증할 그 어떠한 증거도 나오지 않았다.

안 지사 주변인들의 당당한 모습과 그런 주장을 보고도 한마디 반박조차 안 하는 다른 선배들에게 깊은 배신감을 느꼈다. 우리는 분명 안희정이라는 사람이 아니라 안희정이 내세운 가치를 위해 모인 조직이었고, 구성원들 한 명 한 명이 사회 변화에 대한 꿈을 가진 사람들이었다. 그런데 어느새 모두가 교주를 추종하는 광신도로 전락해 있었다.

그런 피고인 측 증인으로 공개 증언을 한 사람 중에는 충남도청에 들어오고 싶어 공무원 시험을 봤던 사람도 있었다. 그러나 정작 응시한 공무원 임용 시험에서 떨어졌다. 여의도에서는 안 지사의 최측근이라고 스스로를 자랑하고 다니며 여러 혜택을 누리던 사람이었다. 충남도청에 지원하여 떨어진 이후 안희정계의 한 의원실에서 인턴에 준하는 입법보조원으로 근무를 시작했다. 그러다 안희정 사건 재판 기간 전후로 한 번에 다섯 단계를 뛰어넘어 5급 비서관으로 임용되었다.

그외 다른 대부분의 증인들 역시 안희정 캠프 조직에서 비주류들이었지만, 재판 과정을 거치며 다들 승승장구하기 시작했다. 안희정계 전·현직 의원들이 밀어주고 끌어주기를 반복하며 화려한 경력들을 만들어주었다. 안 지사가 범죄를 시인한 메시지를 낸 후 다시 하루도 안 되어 입장을 번복하며 점점 더 구렁텅이로 빠져들고 있을 때 이들은 조금씩 구렁텅이에서 세상 밖으로 올라왔다. 도르래를 통해 안 지사와 이들의 인생이 위아래로 상호 교환되는 것만 같았다.

재판 기간 중 부조리의 향연은 계속되었다. 청년 세대의 아픔을 대변하겠다며 안 지사 캠프에 합류했던 한 청년 정치인은 함께 해달라는 피해자 주변인들의 손길을 외면한 채 가해자 측에 섰다. 평소 미투와 여성 인권 보호에 앞장서겠다던 일부 민주당 의원 역시 가해자 감싸기에 급급했다. 모두가 자신의 이해관계와 친소 관계를 따르며 일사불란하게 태도를 바꿨다. 대부분이 자신들의 미래를 보장해줄 권력이 어디에 있는지 너무나 잘 아는 듯했다.

김지은과 함께하는 사람들

2018년 3월 5일부터 시작된 외로운 날은 계속되었다. 함께 마음을 나눌 수 있는 사람들이 절실히 필요했다.

그러던 어느 날 안희정 사건 피해자와 함께하겠다는 한 성명을 온라인에서 보았다. 캠프에서 일했던 젊은 청년들이 주요 구성원 같았는데, 누구인지는 정확히 알 수 없었다. 한참을 고민하다 그중 한 명일 것으로 추정되는 후배에게 전화를 걸어 여의도 주변에서 만나기로 했다.

더운 어느 날 저녁 약속 장소로 나오고 있는 후배를 먼발치에서 봤다. 만나서 무슨 이야기를 해야 할지 마음이 복잡했다. 가해자 측이 이미 손을 써서 나를 떠보기 위해 나오는 것일 수도 있었다. 후배와 함께 자리에 앉을 때까지 많은 생각에 머리가 복잡했다. 근황과 최근 일에 대한 생각들을 나눴다. 후배 역시 오랫동안 나를 보지 못하다 최근 나에 관한 이야기를 지라시에서만 접했기 때문에 의심스런 눈초리로 쳐다보고 있었다.

10여 분간의 대화를 하고 나서야 같은 방향을 바라보고 있다는 사실을 알게 되었다. 처음으로 '김지은과 함께하는 사람들(김함사)'이라는 모임이 있다는 걸 알게 되었다. 안희정을 대통령으로 만들기 위해 아무런 대가 없이 캠프에 모였던 어린 청년들이 주축인 모임이었다. 현역 의원과 보좌진들에 비해 나이도 어리고 경력도 적었지만 올바른 가치를 추구하는 생각만큼은 누구보다 확고한 친구들이었다.

안희정 사건이 알려진 이후 내가 기대하고 상상했던 주변 동료들의 모습을 한참이나 어린 후배들에게서 찾을 수 있게 되었다. 전혀 기대한 적 없던 사람들의 등장에 놀랐고, 안도했다. 망망대해를 표류하다 잠시나마 정박해 숨 돌릴 수 있는 한 평의 작은 섬을 발견한 것만 같았다. 가까이에 앉아 그동안의 일상을 나누는 것만으로도 큰 위로를 받았다.

변심한 사람들에 대한 뒷담화를 함께 한참 하면서도 재판에 대한 이야기는 되도록 나누지 말자고 후배에게 이야기했다. 혹여나 재판에 대한 대화가 우리 기억을 오염시킬 수도 있을 것 같다는 판단 때문이었다. 다만 앞으로도 서로 의지할 수 있는 존재가 되어주자고 이야기 나눴다. 앞에 앉은 후배는 이런 말을 남기고 돌아갔다.

"형이나 저처럼 생각하는 사람들이 많으니 형도 힘내세요. 안전 잘 챙기시고요!"

모처럼 누리는 잠깐의 휴식이었다. 이 잠깐의 휴식이 없었다면 나는 끝없이 무너져내렸을 것이다.

눈물조차 사치였던
1심 재판의 결과

2018년 8월 14일, 1심 재판의 선고 날이었다. 재판 중 보인 판사들의 태도, 화려한 면면의 피고인 측 변호인들, 대선처럼 일방적으로 몰아붙인 여론전 등을 떠올리며 어쩌면 잘못된 결과가 나올 수도 있겠다고 생각했다. 내가 생각했던 법과 정의에 대한 기본적인 믿음이 흔들리고 있었다. '법대로 합시다'라는 말이 얼마나 힘의 논리에 기반한 말인지 역시 느끼고 있었다.

법은 하나지만 그 법을 자신들에게 유리하도록 만드는 데에는 인맥으로 짜인 권력과 최고의 로펌들을 고용할 수 있는 자본의 힘이 보이지 않게 작용하고 있음을 쉽게 알 수 있었다. 또한 법리적인 해석 이전에 함께 일했던 사람들이라면 모두가 알았을 안 지사의 절대적인 권위와 구성원들의 복종, 그리고 수행비서의 업무에 대한 것들이 모두 거짓으로 숨겨진 채 세상을 한껏 떠돌고 있는 상황이었다.

선고 당일 도저히 법원에는 갈 수 없었다. 발이 떨어지지 않았고, 온몸이 말을 듣지 않았다. 결국 법원 대신 국회 앞 치과에 갔다. 지난 3월 이후 깨진 어금니 치료를 받지 못해 치아는 이미 만신창이었다. 의사는 치아를 보며 상태가 심각하다며 신경 치료를 받을지 아니면 뽑고 이를 새로 심을지를 내게 물었다. 대답을 주저하던 그 순간, 사실상 온 신경을 집중하고 있던 휴대폰에서 메시지 알람이 울렸다.

"형, XX, 무죄래요."

잠시나마 의지하며 마음을 나눴던 김함사의 후배가 욕과 함께 메시지를 보냈다.

"선생님, 뽑아주세요."

이를 뽑는 그 고통 때문인지 재판 결과 때문인지 몇 방울의 눈물이 흘렀다. 눈물조차 사치스럽게 느껴졌다. 내가 믿고 의지했던 세상의 공평과 공정은 권력 앞에 무의미했다. 피해자들에게 함께 해주겠다고 말했지만 나는 무기력했다. 스스로가 너무 싫었다. 아무것도 해줄 수 없는 무능한 조력자에 불과했다. 그 사이 피해자는 사회로부터 단순한 절차적 대상으로 전락해 비참한 생활을 살고 있었다.

다시 처음부터 시작

1심 재판이 끝나고 재판 결과에 항의하는 대규모 시위가 열렸다. 동원된 사람들이 아닌 자발적인 의지로 거리에 나온 사람들이었다. 아무런 이해관계도, 아무런 직업적 보장도 받지 않은 사람들이 그저 자신들이 믿는 가치를 실현하기 위해 거리에 나섰다. 그들에게는 무리한 승진을 시켜 공직을 주고, 경력을 화려하게 장식해줄 뒷배가 존재하지 않았다. 대가 없이 자신들의 소신만으로 외치는 시민들의 자발적인 목소리에 깊이 감격했다. 세상을 바꿀 진짜 정치인들은 거리로 뛰쳐나온 시민들이었다.

　나 역시 가만히 앉아서 공정한 세상이라고 믿고만 있을 수는 없었다. 그러기에는 명백히 기울어진 운동장을 경험한 뒤였다. 치열하게 하지 않으면 결국 진다는 걸 다시 한번 깨달았다. 좀 더 집요해져야 했다. 내가 보고 겪은 일들에 대해, 그리고 대중들에게 잘못 알려진 부분들에 대해 제대로 알려야 했다.

여러 언론인을 만났다. 그중 관심 깊게 사안을 들여다본 몇 명의 기자는 관련 내용을 추가로 취재하여 기사로 내보냈다. 더 많은 부조리와 불합리한 일들이 많았지만, 그중 보도되는 내용은 한정적이었다. 어떤 기자는 내가 너무 많이 찾아가다 보니 조용히 나를 피하기도 했다. 취재원이 원한다고 해서 다 보도할 수 없다는 건 알고 있었지만 그만큼 절실한 문제였다. 어떻게든 바로잡아야 했다. 최소한 일어난 일, 있었던 일들에 대해서만큼은 있는 그대로의 사실을 사람들에게 알리고 싶었다.

2심 재판이 시작되었다. 안희정 지사 측은 1심 때보다 더 호화 변호인들로 대규모 변호인단을 꾸렸다. 변호사 비용은 무엇으로 충당하는지 추측할 수 있었지만, 확인할 수는 없었다. 고발인 측에도 피해자의 억울함을 풀어주기 위해 능력 있는 변호인들이 더 자발적으로 모여들었다. 2심은 1심에서 다뤄진 피해 주변 상황들에 대해 다시 하나하나 확인하고 검증하는 과정으로 진행되었다.

나는 또다시 검찰 조사를 받았고, 빠트리는 것은 없는지 늘 스스로를 채근하며 진술에 임했다. 또다시 재판에도 출석했다. 2심의 분위기는 1심과는 사뭇 달랐다. 1심의 경우 재판부가 사건의 배경이 되는 맥락들에 대해 제대로 이해하지 못했고, 정치권 업무의 특성 자체에 대해 어쩌면 관심이 없었을 수도 있겠다고 생각했다. 이 사건이 일어난 과정은 생각하지 않고, 오로지 어떻게 사건이 일어났는지에 대해서만 관심 갖고 있는 것처럼 보였다. 반면 2심 재판부는 재판정에서 나에게 이렇게 물었다.

"1심에서 충분히 설명하셨는데요. 왜 그렇게 판단하셨는지 1심에서 했던 이야기를 한 번만 더 말씀해주실래요?"

질문의 톤이 1심과는 확연히 달랐다. 왜 가해자와 더 가까운 사이인데 가해자에게 묻지 않고 바로 피해자를 도왔는지 그 맥락에 대한 질문이었다. 이 질문을 듣고 나는 1심에서 언급한 '군 생활 중 겪었던 일'을 다시 한번 이야기했다.

"제가 소대장을 할 때 저의 소대원이 같은 소대 부소대장에게 구타를 당해 피해 사실을 호소한 적이 있습니다. 당시 그 소대원은 부대에 들어온 지 얼마 안 된 이병이었는데, 말귀를 잘못 알아듣는다며 부소대장이 아침 GOP 작전 철수 중에 이병의 얼굴을 구타했습니다. 부대 복귀 후 입가에 피가 묻은 소대원을 보고 여러 차례 물었는데도 소대원은 한참 스스로 넘어진 거라고 진술하다가 결국에는 부소대장에게 맞았다고 제게 피해 사실을 털어놓았습니다. 이후 부소대장이 상급부대 보고를 하지 말고, 자신의 말을 들어달라 하였을 때도 저는 헌병대에 해당 사실을 보고하여 수사를 받도록 처리하였습니다.

피해를 호소하는 사람과 가해자로 의심되는 사람의 힘의 불균형이 눈에 쉽게 보이는 상황에서 피해자와 가해자에게 제가 자초지종을 물어보는 것보다는 격리 조치부터 먼저 하는 게 맞다는 생각이 들어 그렇게 조치한 것입니다. 피해자가 피해 사실을 어렵게 말한 상황에서 제가 안 지사와 관계가 있다고 해서 그에게 묻는 것은 적절한 조치가 아니라고 생각했습니다. 그래서 저는 그렇게 행동한 것입니다."

증언을 하면서 세 명의 고등법원 판사들을 바라봤을 때 충분히 사건 내용을 파악하고 있다는 느낌을 받았다. 특히 검사들도 1심에서 가해자 측의 주장이 얼마나 허무맹랑한 것이었는지 관련 증거들을 보완하고, 보다 더 객관적으로 탄핵하는 조사를 치밀하게 해 재판부에 제출했다. 2심의 재판은 내가 처음 1심 재판에 임할 때 기대했던 상식에 맞게 정상적으로 흘러가는 듯 보였다.

본격적으로 시작된 2차 가해

2심 재판 중에는 안 지사의 심문도 있었다. 그동안 피해자와 주변 참고인들에게만 물었을 뿐 정작 가해자에게는 제대로 된 심문이 이루어지지 않았었다. 안 지사는 이때 스스로 증거인멸을 한 사실뿐만 아니라 여러 상황에 대해 진술했다고 들었다.

나에 대한 이러한 취지의 진술도 있었다.

"문상철 씨는 경선 캠프에서 너무 고생을 많이 했습니다. 팀장들과 싸운 것이 무조건 문상철 씨 잘못이라고 저는 생각하지 않습니다. 하여튼 간에 욕 많이 봤습니다. … 문상철 씨가 미 대사관에서 주선하는 프로그램을 주선해줬죠. 그것도 참 고맙지요. … 그 친구 언젠가는 나랑 같이 일하겠다고 본인이 이야기했고, 저도 팀 내부에서 여러 가지 불화 때문에 나갔지만 기회가 되면 같이 일했으면 좋겠다 싶은 친구였습니다."

2019년 2월 1일 추운 겨울, 2심 선고가 이루어졌다. 이번에도 안 좋은 결과가 나오면 어떡하나 하는 생각에 며칠 동안 잠을 이룰 수 없었다. 피해자를 향한 2차 가해는 가열차게 이루어지고 있었고, 무죄를 전망하는 법률가들이 연일 TV에 나왔다. 개중에는 안 지사를 지지한다며 이전에 함께 만남을 청했던 법률가들도 많았다.

2심 선고 당시 재판장은 안 지사를 80여 분간 세워놓고 선고를 내렸다.

> 피고인은 현직 충청남도지사이자 여당의 유력한 차기 대권 주자로서 자신의 수행비서 또는 정무비서로서 자신의 보호 또는 감독을 받는 피해자를 피해자의 의사에 반하여 업무상 위력으로써 간음하고 추행하였으며, 강제추행하였다. 피고인은 피해자가 지방별정직 공무원이라는 신분상의 특징과 도지사와 비서라는 피고인과 피해자의 관계로 인하여 피고인의 지시에 순종하여야만 하고 그들 사이에 일어나는 내부적인 사정을 쉽게 드러낼 수 없는 취약한 처지에 있음을 이용하여 피해자에 대한 판시 각 범행을 저지름으로써 피해자의 성적 자기결정권을 현저히 침해하였다.

2심의 판결은 사건이 일어난 상황과 맥락, 그리고 사실관계를 정확히 파악하여 판결을 내렸다. 안 지사는 판결 직후 법정 구속되었다. 판결문에는 2차 가해의 극심함에 대해서도 담겨 있었다. 결국 자신의 죄를 인정하지 않고 2차 가해를 방치한 가해자의 책임, 그리고 안희정을 피해자로 둔갑시켜 자신들의 이익을 이어간 주변 무리들에 의해 안 지사의 형량은 더 높아진 것으로 보였다.

"피고인! 변명하거나 하고 싶은 말 있습니까? 없습니까?"

2심 담당 부장판사의 질문에 안 지사는 답을 하지 못했다. 곧이어 영장은 집행되었고, 안 시사는 법정 구속되었다.

2심 선고 이후 안 지사의 가족이 피해자를 비난하는 글을 SNS에 올렸다. 첫 번째 글이 올라왔을 때 글의 톤과 구성을 보고 어떤 법률가가 조언해줬을지 추측할 수 있었다. 그 추측이 맞다면 그 법률가는 안 지사와 매우 특별한 관계에 있는 유명 여성 변호사였다. 이 변호사가 대표로 있는 법무 법인이 가해자 가족의 법률 대리인 역할을 한다는 기사도 나왔으나 이내 그 부분은 삭제되었다. 그런 사람이 안희정 가족 주변에서 뻔뻔하게 도움을 주겠다고 하는 상황이 한편으로는 답답하기도 했다. SNS에 올린 자료 역시 피해자가 성실하게 재판에 제출한 자료들로서 법정에서 무단으로 반출하여 올린 개인 정보들이었다.

가해자 가족의 SNS 글 이후로 2차 가해는 더 야멸차졌다. 재판 중에 대부분 탄핵된 주장들이었지만 자극적이고 선정적인 글은 대중에게 높은 소구력을 지녔다. 가짜 뉴스는 이전보다 더 빠르게 확산되었고, 피해자를 향한 분노와 혐오의 감정이 증폭되었다. '안 지사가 절대 그럴 리 없어'라는 공방적 성격으로서의 인식과 함께 피해자에게는 '나쁜 사람'의 프레임이 덧씌워졌다.

다양한 내용을 짜깁기하여 그럴듯하게 만든 글의 등장인물들 역시 대부분 나와 함께 일했던 동료들이었다. 짜깁기된 대화 상대가 누구인지, 어떤 맥락에서 그런 말들이 있었는지 쉽게 눈에 그려볼 수 있는 나로서는 터무니없는 글이었지만, 맥락을 전혀 모르는 대중에게는 자극적인 인용거리가 될 수밖에 없었다. 안 지사 지지자들은 하나로 결집하여 자신들의 다양한 커뮤니티에 2차 가해성 글들을 퍼 날랐고, 일부 언론들은 이 주장들을 아무런 검증 없이 인용 보도하기 시작했다.

결국 '우리 지사님이 그럴 리 없어'라는 인식을 만들고 소환한 건 당사자들의 용인도 있었겠지만, 안 지사의 이름으로 얻은 유명세를 꾸준히 유지하고 싶은 사람들의 욕망이 작용한 결과로 보였다. 결국 그들은 사건의 진실에는 관심 없고, 일방적인 주장을 어떻게 효과적으로 대중에게 전달할 것인가 고민만 하는 듯 보였다. 끝까지 주장을 하면 대중이 따라줄 것이라는 믿음 때문이었다. 이들은 조직이 아닌 개인의 문제로 치부하면서 시간을 벌었고, 그사이 출마를 하거나 출마를 시킬 다른 주인공을 찾아 헤맸다. 자신들의 평판은 긍정적으로 유지한 채 말이다.

상식과 정의를 보여준
최종 판결

3심 과정에서 나는 재판에 출석하지 않았다. 3심은 그동안의 재판들이 잘 진행된 것인지에 대한 여부를 검토하는 과정이라고 했다. 대법관과 수많은 연구관이 내용을 들여다볼 것이기에 재판 결과가 바뀔 것이라고는 생각하지 않았다. 내용을 제대로 파악한다면 이해할 수 있는 내용들이었고, 그동안의 재판들은 단순히 감수성만으로 진행되지 않았다.

가해자 측의 변호인들과 검찰 간의 공방을 통해 진실에 대한 파헤침이 이어졌고, 실체적 진실의 내용들이 많이 파악된 상황이었다. 한편으로는 안 지사 측에서 또다시 전관들을 보강하여 대규모 변호인단을 꾸렸고, 지속적인 여론전을 해왔기에 어떤 일이 벌어질지 예견할 수는 없었다. 아무것도 할 수 없었기에 마음은 더 초조했다.

1심부터 3심까지 법원에서 공통적으로 일어났던 일은 처음 배정된 재판부가 계속 변경되어왔다는 점이다. 가해자와 관계나 연고가 있다는 이유 등을 들어 재판부는 자주 바뀌었다. 그만큼 이 사건에 대해 판사들이 얼마나 큰 부담을 가지고 있는지 알 수 있었다. 대법원에서 1심과 2심 과정에 대한 검토가 시작되었고, 최종 선고일은 막 추석 연휴가 시작되는 시기인 2019년 9월 9일로 잡혔다.

우리 사회의 가해자 중심 문화와 인식, 구조 등으로 인하여 성폭행이나 성희롱 피해자가 피해 사실을 알리고 문제를 삼는 과정에서 오히려 피해자가 부정적인 여론이나 불이익한 처우 및 신분 노출의 피해 등을 입기도 하여온 점 등에 비추어보면, 성폭행 피해자의 대처 양상은 피해자의 성정이나 가해자와의 관계 및 구체적인 상황에 따라 다르게 나타날 수밖에 없다. … '위력'으로써 간음하였는지 여부는 행사한 유형력의 내용과 정도 내지 이용한 행위자의 지위나 권세의 종류, 피해자의 연령, 행위자와 피해자의 이전부터의 관계, 그 행위에 이르게 된 경위, 구체적인 행위 태양, 범행 당시의 정황 등 제반 사정을 종합적으로 고려하여 판단하여야 한다.

대법원의 선고문을 보며 《앵무새 죽이기》에 나오는 애티커스 핀치의 말이 귓가에 들리는 듯했다.

"누군가를 정말로 이해하려고 한다면 그 사람의 입장에서 생각해야 하는 거야."

대법원 최종 결과 유죄. 이 판결을 듣기까지 정말 많은 시간이 흘렀다. 유죄 판결 이후 많은 사람으로부터 메시지를 받았다. '세상 사람들이 비서관님께 큰 빚을 졌습니다'는 내용들이 많았다. 하지만 2년여 동안 경험한 바로는 진정 세상을 바꾼 건 내가 아니라 용기 있게 호루라기를 분 피해자, 피해자 곁에 서준 현장의 활동가들, 정치권의 압박에도 불구하고 굴하지 않는 소신을 보여준 헌신적인 법률가들, 진실만을 좇았던 현장의 기자들, 그리고 부조리에 분노한 시민과 동료들로부터 비롯된다는 걸 알 수 있었다.

여러 시행착오를 돌고 돌아 사법적인 판단이 드디어 끝났다. 처음부터 쉬운 싸움이 아닐 거라고 생각했지만 적어도 내가 믿었던 상식과 정의가 사라지지 않았음을 느낄 수 있었다. 다윗과 골리앗의 싸움으로 생각할 정도로 힘의 불균형이 너무나 컸다. 그럼에도 사회의 근간을 이루는 기본적인 신뢰, 상식적인 운영은 무너지지 않았다.

여러 감정이 복받쳐 올라 선고 결과를 들은 자리에서 한참을 서 있었다. 이제는 아무리 힘이 센 권력자라고 하더라도 함부로 남의 인권을 짓밟고 유린할 수 없다는 하나의 당연한 명제를 부여받았다. 성폭력은 모든 구조적 문제가 결합된 가장 악랄한 최종 결과물이라는 사실 역시 재판 과정을 통해 입증되었다. 세상에서 을로 살아가는 무수히 많은 약자들에게 의미 있는 메시지가 되길 바랐다. 문득 '몇 년간 겪은 모두의 고통들도 끝날 수 있을까?' 하는 작은 염원도 스쳤다.

"얘 좀 자르면 안 돼요?"

'피해자는 일상으로, 가해자는 감옥으로'라는 문구가 실현되기를 바랐다. 다행히 가해자는 감옥으로 갔지만, 불행하게도 피해자는 일상을 제대로 찾지 못했다. 충남도청은 피해자에 대한 보호조치 없이 별정직 공무원이었다는 근거를 들어 안 지사가 사직하던 날 피해자를 면직 조치했다. 이후 피해자는 2차 가해 속에 병원과 상담 치료를 병행해 받아야 했다. 살고자 범죄를 고발했지만 결국 직장을 잃고, 돌아갈 곳마저 없어진 상황이었다.

사법부의 판결이 있어도 일부 정치인을 비롯한 많은 사회 지도층들은 판결을 인정하지 않았다. 안 지사의 일부 지지자들 역시 일체의 반성은 하지 않은 채 거짓 정보로 피해자를 더 강하게 공격했다. 안 지사가 나서서 자신의 잘못을 인정하고 피해자에게 사과했다면 지지자들이 공고히 뭉쳐 피해자를 공격하는 일은 현격히 줄어들었을 것이다. 이후에도 피해자를 향한 가해자의 제대로 된 사과는 없었다.

피해자들이 일상을 회복하지 못한 상황 속에서 나라도 제대로 버티며 피해자들을 꾸준히 돕고 싶었다. 그러나 나를 향한 정치권 내의 공격은 더 가속화됐다. 안희정계 의원들은 마치 보복이라도 하듯 재판 기간 중에도 시시때때로 의원실에 찾아와 나를 자르라고 했다. 여의도 한 중식당에 안희정계 의원들과 정세균 의장이 식사를 할 때 우연히 방 안에서 진행되는 이야기들을 일부 들을 수 있었다.

"문 비서관 쟤가 아주 영악한 애예요. 이번 사건도 쟤가 다 주도한 거고, 원래부터 질이 안 좋았던 녀석입니다. 의장님 자르시죠."

"네 맞습니다! 문 비서관을 잘라야 의장님께도 해가 없습니다.”

한참을 듣다 정 의장이 답했다.

“자네들 말야. 지난번 나한테 처음 추천할 때는 가장 좋은 친구라고 안 했나? 희정이 참모들 중에 가장 에이스라고 안 했어? 좋다고 추천해놓고 이제 와서 무슨 소리야! 그럼 그때 자네들이 나한테 거짓말한 건가?”

외압이 셀 당시에도 정세균 국회의장은 여러 외풍으로부터 날 막아주었다. 그러면서도 내게 작은 티조차 내지 않았고, 듣는 뒷말들에 대해서도 내게 전혀 묻지 않았다. 나중에 정세균 의장의 트위터 계정에 가보니 나를 비난하고, 헐뜯는 수백 개의 메시지들이 와 있기도 했다. 그런 상황 속에서도 아무런 말 없이 의원실에서 꾸준히 일할 수 있도록 배려해주었다.

이후 종로에서 7선을 준비하던 정세균 의장의 기존 생각과는 달리 청와대로부터 2019년 12월 17일 국무총리 임명을 받으면서 상황이 뒤바뀌었다. 국무총리 인사청문회 준비단이 만들어졌고, 나 역시 통의동에 마련된 준비 사무실에 들어갔다. 당시 의원실에 있던 직원들 대부분이 인사청문회 준비로 연일 바빴다. 여론의 동향 등을 살피고, 기타 질의답변 자료들을 국무조정실 직원들과 함께 만들었다.

국무총리 인사청문회가 큰 무리 없이 무사히 끝나고, 2020년 1월 14일 정세균 의장은 국무총리로 임명되었다. 곧이어 의원실 대부분의 직원들이 총리실로 들어갈 준비를 했다. 하지만 나는 따라갈 수 없었다. 입법부의 수장으로 있을 때는 외압으로부터 나를 막아주기에 용이했지만, 국회의 견제를 받는 행정부로 가는 이상 의원들의 자르라는 요구에 계속 모른 척할 수는 없다는 것이 내부 판단이었다.

인사청문회 이후 의원실에 들어온 직원들을 제외한 의원실 직원 대부분이 총리실로 옮겨갔다. 내게는 총리실에 자리가 없어 데려갈 수 없다고 했지만, 이후 외부에서 인사들을 계속 충원해 총리실을 꾸렸다. 나만 홀로 의원실에 덩그러니 남았다. 나 역시 그동안 여러 외압으로부터 보호해주고 지켜준 총리에게 더 무언가를 요구할 수는 없었다. 받아들여야 했다. 2020년 5월 31일, 여의도 생활을 마치고 집으로 돌아왔다.

의원실 짐을 정리해 총리의 개인 사무실로 옮기던 날, 함께 이삿짐을 나르던 이삿짐 사장님은 내게 이런 문자를 보냈다.

"안녕하세요 ㅎㅎ 이사했던 아저씨입니다 폭탄을 몸에 품고 항상 국회를 바라봤던 일개 국민입니다 이제 하루 일정 마치고 편한 맘으루 문자보냅니다 부디 보좌관님처럼 솔선수범 변치 않기를~~ 그리고 저랑 국회회관에서 고생하신 분 꼭 기억해주시길~~ㅎㅎ"

많은 내용을 담고 있지는 않았지만, 이 문자 한 통에 많은 위로를 받았다. 세상의 끝만 같은 순간에도 내게 무언가를 이야기하고 부탁하는 분이 있었다.

정치판에서 밀려나다

이후 한 달의 공백 기간을 거친 후 이낙연 의원실에서 당시 당 대표 선거 준비를 위해 캠프를 준비하고 있다는 소식을 들었다. 이낙연 캠프의 실무팀 자리를 제안받아 면접을 봤고, 운 좋게도 상황관리팀장으로 들어갔다. 캠프에 들어가 최선을 다해 일했다. 기존에 있던 캠프의 선후배들은 나의 경력을 인정해주며 살갑게 대해주었고, 다시 시작한 캠프 일 역시 재미있었다. 이낙연 의원의 당선이 유력했던 상황이기에 캠프 내 분위기도 좋았다. 일한 지 나흘째가 되던 날 캠프 구성원들을 책임지던 한 선배로부터 호출을 받았다. 표정이 좋지 않은 선배와 함께 사무실 1층 옆 담배 피우는 골목으로 나갔다.

"문 보좌관 자네도 알지? 처음에 당신 뽑을 때부터 안 지사 관련해서 말 많았던 거?"

"네 잘 알고 있습니다. 뽑아주셔서 감사하게 생각하고 있습니다."

"그게 말이야. 안 지사 쪽 의원들이 문 보좌관 데리고 있지 말라고 우리 후보 쪽에 말들을 하고 갔다고 하네. 자네를 극렬하게 싫어한다나… 미안하게 됐다."

"그게 무슨 말씀이세요?"

"나도 오늘같이 이 정치권에 있는 게 더럽게 느껴질 때가 없다. 쪽팔려서 네 얼굴도 못 보겠고. 우선은 캠프에서 완전히 나가지는 말고, 여기 옆 건물에 우리가 운영하는 싱크탱크가

하나 있어. 거기에 좀 가 있어. 문 보좌관 자네가 캠프에 더 있다가는 선거 기간 내내 계속 컴플레인이 들어올 것 같아서 말이야."

"네… 알겠습니다."

그날로 사무실의 짐들을 정리했다. 캠프에 있는 게 민폐인 상황에서 옆 건물 싱크탱크로도 갈 수는 없었다. 싱크탱크는 핑계였을 뿐 조용히 나가주기를 바란다는 메시지였다. 당대의 내로라하는 정치인들도 나를 품어줄 수 없다면 정치판에서 내가 더 이상 발 디딜 곳은 없었다. '내가 사랑하고, 좋아하는 이일을 이제는 더 이상 할 수 없겠구나'라는 생각에 온몸이 바닥으로 가라앉는 듯했다. 캠프의 일은 돈을 받고 하는 일이 아니었고, 그럴듯한 경력증명서를 떼어주는 일이 아니었음에도 시작한 일이었다. 정치권 내부의 저항이 있을 것이라 생각했지만, 불과 나흘 만에 이렇게 내쫓길 것이라 예상하지는 못했다.

그렇게 다시 여의도를 떠났다. 짐을 싸 내려오는데 폭우가 쏟아져 와이퍼 속도를 올렸다. 호들갑스러운 와이퍼의 노력에도 시야는 점차 흐려졌다. 창문 밖 앞길은 불투명했다.

이후 다른 의원실들의 공고를 보고 이력서를 냈다. 지자체에서 뽑는 공고에도 지원했다. 그러나 돌아오는 대답은 똑같았다.

"실력 있고, 좋은 분인 건 알겠지만, 아시다시피 사실 저희도 좀 부담스러워서요. 죄송합니다."

6개월간 스무 곳 정도에 지원했지만 대부분 최종에서 떨어졌다. 이게 딱 나의 위치값이었다. 정치권에서 10여 년간 쌓은 경력과 관계는 아무런 의미가 없는 휴지 조각에 불과했다. 안타까워하는 몇 명의 선배들이 나서주었지만 소득은 없었다. 현실을 받아들여야만 했다. 내가 정치권에서 발붙일 수 있는 곳은 이제 없었다.

삶은 녹록치 않았지만 힘을 주는 곳도 아주 가끔 있었다. 한 시민단체에서 시상하는 2020년 의인상 후보에 추천되었다. 최종 의인상을 수상하지는 못했지만, 해당 단체에서는 이런 내용이 포함된 보도자료를 발표했나.

> 심사위원회는 이러한 공익제보와 공익적 활동은 우리 사회 부패를 줄이고 공익 향상에 기여하는바, 올해의 공익제보자상 수상 여부와 관계없이 이들의 사회적 기여는 높게 평가받아야 한다고 밝혔다. 특히 업무상 위력에 의한 성폭력 피해 제보자에 대한 협조자가 후보로 추천되었는데, 비록 수상자로 선정되지 않았으나 제보자에 대한 협조·지원 활동은 진실을 밝히는 데 매우 중요하며 제보자 못지않게 불이익을 받고 있다는 점에서 사회적으로 의미 있게 평가받아야 한다고 강조했다.

소망하던 정치의 종결

정치에 대한 미련을 내려놓고 일반 기업에 취직하기 위해 취업 사이트를 둘러보던 중이었다. 보수 정당의 한 젊은 정치인으로부터 제대로 된 정치를 하고 싶은데 도와줄 수 있겠느냐는 연락을 받았다. 만나보니 기초 선거에 출마해 떨어졌지만 이제는 더 큰 당내의 선거를 준비하고 있다고 했다. 당은 달랐지만 정치를 대하는 자세와 이루고 싶은 꿈이 비슷하다는 생각에 도와주기 시작했다.

출마 선언문을 비롯해 페이스북 글과 방송 출연용 원고들을 써주거나 다듬어주기 시작했다. 이 후배를 통해 사회 현안에 대한 균형 잡힌 비판을 하고 싶었다. 그동안 여러 정치인의 연설을 써왔기에 이제 갓 정치에 입문한 젊은 정치인의 메시지를 쓰는 일은 생각보다 더 수월했다.

처음 시작할 때는 대중으로부터 반응이 없었지만, 꾸준한 메시지에 차츰 언론의 호응이 생겨났다. 점차 대중의 관심도 많이 받게 되었다. 언론의 관심과 인용이 높아지는 걸 후배와 함께 보면서 재미있어했다. 다시 보람 있는 나날들이었다.

'그래, 내가 정치를 못하더라도 이런 식으로 하면 되지'라는 생각을 했다. 메시지를 써주고, 조언해주는 시간이 수개월여 쌓이자 후배는 누구나 알 법한 정치인이 되었고, 나는 또다시 고스트라이터가 되었다. 그러나 후배의 유명세가 높아지고 주변 정치인들과의 인맥이 많아질수록 내가 전해주는 메시지를 전혀 다르게 변용하기 시작했다. 정치관의 차이는 더 깊어졌고, 더 이상의 도움을 주지 않게 되었다.

이 일을 계기로 누군가의 뒤에서 정치를 하는 일은 결국 한계가 있음을 깨닫게 되었다. 무엇이 되고 싶은 게 아니라 늘 무엇을 하고 싶었던 거였고, 그 수단이 정치였을 뿐인데, 내가 이제 할 수 있는 정치 관련 일은 없었다. 그렇게 연극의 한 막은 끝났다.

폐허에서 다시
좋은 정치를 꿈꾸다

미국 드라마 〈웨스트윙〉에는 이런 장면이 나온다. 대통령과 참모들이 자유롭게 마주앉아 국정에 대해 토론하고, 더 좋은 세상을 만들기 위해 치열하게 일하는 모습 말이다. 공공의 이익과 정치인의 소명을 실천하는 일은 내게 상상만으로도 설레었다. 노무현 대통령의 사람들을 만나고, 그의 정치적 장자로 평가받던 안희정 지사와 함께 일할 수 있다는 사실 역시 늘 꿈만 같았다. 세상을 바꿔나가는 정치를 하고 싶었고, 꿈에 조금씩 다가가는 과정에 있다고 믿었다.

안희정 지사의 성장과 나의 성장은 함께 이루어졌다. 함께 공부하고, 함께 글을 써 나가면서 각자의 위치에서 성장했다. 안 지사는 도지사에서 민주당 대선 경선 후보에 올랐고, 나는 정치도 모르던 지망생에서 유력 정치인과 얇게나마 생각을 나눌 수 있는 참모로 성장했다.

안 지사는 성장하면서 개인의 나약함과 정치의 냉혹함에 대비하기 위해 많은 고민을 했다. 스스로 노무현의 참모로서 성공과 실패를 가장 가까이에서 봐왔기에 고민의 절실함 또한 간절해 보였다.

고민의 결과는 정치를 한 개인이 아닌 여러 사람이 함께 해나가는 시스템의 정치로 바꿔나가는 것이었다. 한 명의 영웅만으로는 정치를 감당할 수 없다는 안 지사의 굳은 생각 때문이었다. 개인에 대한 믿음에 기반하기보다 다양한 절차에 기반한 시스템의 리더십을 보완하는 과정이 이어졌다. 도정과 정치에 많은 변화를 불러일으켰고, 충남도정은 중앙정부의 일부 정책들을 주도하는 단계에까지 이르렀다.

그러나 거기까지였다. 변화를 만들어냈지만, 결국 '대통령'이라는 대한민국 최고 권력을 갖기 위한 과정에서 많은 것이 망가졌다. 권력을 차지하기 위해 극렬하게 대립하는 전쟁터에서 정치인은 끊임없이 보상 심리를 가졌다. '도지사 초선부터 시작해 대선 경선 후보에 오르는 동안 내가 이만큼 고생했는데 이 정도쯤이야? 너희들이 나 때문에 누리는데 내가 이 정도 요구도 못해?' 권력을 갖기까지 고생해온 스스로를 위로하며, 목적지는 잊은 채 보상을 받겠다는 심리가 서서히 안 지사를 잠식해 나갔다. 권력의 달콤함은 결코 뒷걸음질 치지 않았고, 오직 더 큰 달콤함을 위해 내달렸다.

정치인 한 사람에게 투영하는 개개인의 욕망은 '좋은 자리', '부의 축적' 등 개인마다 모두 달랐다. 정치인의 보상 심리와 주변 사람들의 다양한 탐욕은 한데 묶여 '대통령'이라는 단어 안에 응축됐다. 집결된 사람들의 욕망 아래 파편화된 개인의 인권은 '작은 일'로 치부되었다.

시스템이 제대로 완성되지 않은 상황에서 '대통령'에 대한 모두의 열망은 한 사람의 정치인에게 몰렸다. 인간의 나약함은 생각하지 못한 채 결국 한 개인을 '영웅'이자 '신'으로 만드는 일에 모두가 동참했다. 정치인 스스로도 신격화를 용인했고, 주변의 지지자들 또한 자신들의 손으로 새로운 우상을 만들어 나갔다. 무엇이 옳고 그른지를 모두가 알고 있었지만, 정치인 한 사람이 곧 진리와 동등하게 여겨지면서 권력의 폭주는 가속화되었다. 정치의 몰락은 그렇게 시작됐다.

정치의 몰락으로 안희정이 꿈꾸던 세상은 사라졌다. 어쩌면 안희정의 몰락으로 정치가 망가졌는지도 모르겠다. 안희정은 정치의 뒤안길로 사라졌지만, 그가 시도했던 도전의 여정과 그리고 몰락의 과정에 대해 우리는 관심 가져야 한다. 그래야 부조리의 반복을 막고, 정치의 회생을 기대할 수 있다.

가해자 한 명의 잘못으로만 여겨서는 막을 수 없다. 왜 우상이 탄생할 수밖에 없었는지, 왜 정치의 몰락이 시작됐는지, 그리고 왜 이 사건을 접하고도 피해자를 제대로 지켜주지 못했는지에 대해 함께 논의해야 한다.

구조적인 문제를 제대로 정의하지 않으면 우리는 제2, 제3의 안희정을 마주하게 될 것이다. 우상의 탄생을 촉진하고, 피해자를 공격했던 수많은 정치인이 안희정이 사라진 이후 이미 새로운 숙주를 찾아 자리를 잡았다. 그 숙주들은 다음 대통령 후보들로 불리고 있다.

국회 근무 당시 미투 운동을 지지하고 정치의 변화를 갈망하던 민주당 보좌진 후배들 중 상당수가 국회를 나와 기업으로 이직했다. 정치가 희화화되는 것을 더 이상 지켜볼 수 없었다고 했다. 힘 있는 정치인과의 관계만으로 국회에 입성하는 자질 없는 일부 국회의원을 보며 더 이상은 공직자로서의 자부심도 느껴지지 않는다고 했다. 박봉인 곳에서 공명심을 좇기보다 차라리 실력으로 평가받는 기업에서 돈이라도 많이 벌고 싶다는 이야기도 뒤따랐다. 실력 있는 인재들이 공직에 남아 있지 않고 기업으로 하나둘 떠나가고 있다. 이와 같은 상황들은 결국 악화가 양화를 구축하는 일로 이어질 것이다.

더 나은 정치를 위해 세 가지 고민을 해보았다.

첫 번째는 과거 문화와의 결별이다. 오랜 시간 군사 문화, 운동권 문화로 이어져 온 '일인 지도자 옹위 체제', '큰일 중심의 체제'와 작별해야 한다. '장자', '적자', '식구', '형·누나', '심기'로 표현되는 가부장적인 문화도 마찬가지다. 업무로 만난 사이가 한 가족이 될 수 없고, 정치에 가세를 물려받는 장자 또한 존재할 수 없다. 절대적이고 완벽한 대표자 역시 기대해서는 안 된다. 정치가 발현되는 문화의 토대를 가부장제에서 개인 중심으로 바꿔야 한다.

특히, 대통령과 국회 권력은 여러 시스템에 의해 견제받고 있지만, 상대적으로 자치단체장의 권력은 제대로 된 견제를 받고 있지 못하다. 자치단체장의 권력은 지방정부의 권한이 세지면서 함께 높아지고 있지만, 자치단체장을 견제하는 지방의회의 수준은 아직 그에 미치지 못하는 곳이 많다. 실력 있는 의원들도 많지만 관계에 의해 지방의원이 되는 경우도 많아 날카로운 견제를 하지 못하는 경우 역시 많다. 권력은 커질수록 더 쉽게 부패한다. 지방의회의 감시 수준을 높이기 위한 노력과 더불어 의회의 수준이 자리 잡을 때까지만이라도 국회 또는 감사원의 자치단체장에 대한 감사 빈도를 높여야 한다. 감사 대상은 자치단체장의 의전 조직부터 업무추진비, 조직 내 비위에 대한 영역까지 다양해야 한다.

두 번째는 팬덤 조직의 영향력을 어디까지 수용할지에 대한 결정이다. 일부에서는 "아이돌 덕질보다 이재명 덕질이 재밌다. (아이돌) 소속사가 잘못할 땐 팩스 총공세를 벌여도 말을 듣지 않지만, 일주일 만에 10만 명 당원 가입하고, 문자 총공세하니 민주당이 벌벌 떤다. 소속사보다 다루기 쉽다"(《중앙일보》 2022년 3월 23일자)는 말을 하기도 한다. 노무현 대통령을 대통령으로 만들 때 팬덤은 큰 역할을 했지만, 이후의 팬덤은 권력화되며 보다 많은 문제를 일으켰다.

안희정 지사의 경우에도 팬덤은 한편으로 큰 우군이기도 했지만, 또 한편으로는 정치의 기본인 다양한 사람과의 토론과 논쟁을 회피하도록 하는 도피처로 작동되기도 했다. 더 나아가 일부 팬덤은 그 세력을 활용하여 자신들이 선출되지 않은 권력임에도 불구하고 선출된 자들의 위에 군림하려는 시도를 하기도 했다. 대중의 요구, 지지자들의 요구라는 가면을 앞세웠지만, 실제로는 자신들의 이권 또는 욕망을 대리하는 수단으로 팬덤을 활용했다. 모두가 문제인 것을 알지만, 당장의 달콤함과 쓰기 좋은 도구라는 유혹에 빠져 아무도 거절하지 못한다.

지금이라도 정치인들은 팬덤에 대해 진지하게 논의하고, 어디까지의 참견을 허용할 것인지, 그리고 일부를 대상으로 하는 팬덤의 무차별적인 공격을 그냥 '양념' 정도로만 여길 것인지에 대해 하루빨리 결론을 내려야 한다. 이대로 두어서는 결국 팬덤 조직을 잘 만드는 사람, 국민 여론을 잘 선동하는 사람, 그러나 국민으로부터 선출되지 않은 소수의 사람들이 국민으로부터 선출된 정치인을 꼭두각시처럼 부리는 세상이 올지도 모른다.

세 번째는 정치인이 될 수 있는 교육 기회의 확대다. 지금 정치인이 될 수 있는 가장 빠른 길은 정치권에 있는 사람과의 연이다. 어떤 형식으로든 정치권에 있는 사람과 얽히고설킨 관계가 있어야 관련된 경험을 하고, 정치권에 발을 들일 수 있다. 공천 또한 공천권을 가진 사람의 주변에 있을수록 유리한 것이 사실이다. 인연 중심의 선발과 초빙은 결국 자본과 권력이 있는 사람들에게 더 많은 기회를 준다.

지금부터라도 각 정당은 정치 지망생들을 길러낼 수 있는 교육의 장을 확대해야 한다. 공개적으로 에세이와 면접을 통해 정치인이 되기를 희망하는 사람들을 뽑아 각 기관의 시스템 안에서 민주주의와 국정 운영에 대해 가르쳐야 한다. 물론 이 교육을 받을 수 있는 사람은 소수가 아닌 폭넓은 대상이어야 한다. 정치 지망생이 인간관계에 의존해 정치인으로 성장하는 것은 결국 국민과 민주주의를 소외시키고, 일부 힘 있는 정치인들의 계파로서만이 신참 정치인을 존재하게 만든다. 지금부터라도 각 정당은 프로축구가 유소년 축구팀을 활성화하듯이 정치 지망생들을 길러낼 수 있는 다양한 교육 프로그램을 만들어 서로 경쟁해야 한다. 사회에서 일어나는 다양한 이슈들에 대해 제대로 공부하지 않은 사람이 정치인이 되어서는 안 된다.

길고 느린 호흡의 공부도 많이 하도록 해야 한다. 청년들은 각 정당이 내세우는 가치와 공부 프로그램의 질을 비교한 후 지원하면 된다. 이런 과정을 다양하게 운영한다면 보다 훌륭한 인재들이 정치권에 들어와 경쟁하게 될 것이다. 품격 있는 언어와 태도, 민주주의를 체계적으로 배운 젊은 정치인들이 국회에 많이 들어오게 된다면 우리 정치의 수준 또한 올라갈 것이다.

정치의 현실을 이해하고자 하는 사람들에게 이 서사가 도움이 되길 바란다. 정치와 권력의 속성에 마주할 때 진정한 변화를 만들 수 있다고 생각한다. 폐허에서 다시 새로운 세상을 꿈꾼다.

부록

도지사 수행비서 업무 매뉴얼

본 매뉴얼은 수행비서 업무의 인수인계에 필요한 내용을 정리한 자료로서 원활한 업무 수행 지속과 관련 업무의 특화를 위한 목적에서 만들어졌음

수행비서 목표 및 시행 방안

참모팀 의견 함께 보고	입체적, 다양한 정보 제공	불필요한 정보 스크린	최근 통계 숙지	연설 자료 사전 필독 오타 확인	연설 중 수치, 단어 팩트 확인	비밀 엄수 (입, 눈, 귀)	건강 사항 수시 체크	세부 동선 수립, 확인
사소한 일 자체 처리	선택의 최소화	홀로 계신 시간 확보	직위 관련 명단 최신화	팩트	연락처 최신화	위험 요인 스크린 직원 배치	보호	내 몸의 방패화
차량 정숙 유지	주변 사물 항시 정리	일정의 단순화	역사적 사실 관련 공부	일정 변동 수시 확인	끊임없는 호기심	여유 있는 차량 이동 시간 확보	선거법 관련 수시 확인	기자 문답 항시 녹음
동향 파악	다양한 직원들과 수시 대화	신문 3개, 보고서 정독	선택의 최소화	팩트	보호	글, 사진 이용한 역사 기록	일정 관련 특이사항 기억	지시 사항 추적 관리
속보 사항 수시 확인	안테나	온라인 여론 흐름 정기 확인	안테나	민주주의 지도자 보필	외장하드	사람 DB 업데이트 확인	외장하드	지적 사항 보완 메모
정무팀 및 주변 인사 동향 인지	경조사 수시 체크	여론조사 세부 수치 숙지	로열티	악역	개인관리	상기 필요 사실 메모	메모, 사진 태그 활용 분류 보관	보유 정보 보안 철저
영광은 리더 칭찬은 동료 책임은 내가	항상 리더편	험담 시 적극 방어	관계보다 일이 되는 방향 접근	리더의 판단 완충 지대 확보	지시 사항 추진 내용 수시 확인	아프지 않기	개인 약속 지양	쉴 때 가정에 충실
시키기 쉬운 부하 되기	로열티	구전용 주요 성과 숙지	불성실한 업무자 적극 푸쉬	악역	계획에 따른 시간 엄수	겸손, 인내, 희생	개인관리	용모 단정
좋은 것은 리더 먼저	리더 단점 보완 고민	충언은 진심을 담아	문제 발생 시 적극 시정 요구	주인의식	철저히 리더만을 위한 판단	음주는 적당히	기초 외국어	책상 정리

비서실 내 위치값 및 역할

직위	성명	분장사무	with 수행비서
비서실장	○○○	· 도지사 정무 및 행정 업무 보좌 · 비서실 운영 및 업무 총괄 · 타기관 단체간 협조 체제 구축 · 도지사 직소민원 총괄	· 철학과 판단 맥락 수시 공유 · 도정 전반 관련 상의 · 정무팀과의 융합 가교 역할
비서관	○○○	· 정무에 관한 사항 전반(일정, 민원) · 국회 및 도의회 관련 사항 · 도청 내 정무팀 간사 역할	· 정무 관련 모든 내용 공유 및 구체적 협의 · 행정 공무원과의 융합 가교 역할
비서관	○○○	· 도정 주요 행사 일정 조정 및 업무 협의 · 비서실 업무 조율 및 운영 · 방문민원 사항 관리	· 일정, 동선 단순화 상의 · 일정 관련 피드백 공유 · 기획 일정 아이디어 제공
비서관	○○○	· 지사님 SNS 민원 관리 · 지사님 홈페이지 관리 · D/B프로그램 관리 총괄	· DB 입력 사항 확인 · 온라인 민원 크로스 체크
비서관	○○○	· 주요 인사 경조사 관리 · 참고 서류 내용 확인 및 보완 · 내방민원 및 전화민원 등 민원 관리 · 정책포탈 일정 입력 및 관리	· 행정 사무 관련 협의 · 서류 내용 사전 검토 요청
비서관	수행비서	· 주요 행사 도지사 수행 · 도지사 현장 지시 사항 전파 및 관리 · 도정 주요 행사 의전 지원 · 행사 참석 인사 의전 및 안내	
비서관	운전수행	· 주요 행사 관용차 운전 및 수행 · 의전 업무 및 행사 업무 추진	· 파트너 · 수시 소통
사무원	○○○	· 주요 인사 안내 및 의전 · 비서실 행정 서류 기안 · 비서실 환경 및 자료 관리	· 지사님 컨디션 공유 · 소모품 구매 요청
사무원	○○○	· 주요 인사 안내 및 의전 · 서류 및 문서 수령 · 비서실 환경 및 자료 관리	· 출장 관련 서무 요청
사무원	○○○	· D/B프로그램 입력 및 주요 인사 관리 · 사모님 행사 관리 · 공관 행사 관리	· 명함 세부 내용 기술 전달 · 지사님 신상 관련 공유

• 비서실 업무 전반이 잘 이루어질 수 있도록 촉진제 역할 수행

세부 업무 매뉴얼

수행 중 휴대 목록

장소	목록
휴대품	핸드폰, 일정표, 명함, 수첩, 필기구, 담배, 라이터, 1호차 비상키, 현금, 손수건, 수행비서 명함, 녹음기
가방 비치품	일정 참고자료, 헌법, 도정 주요 통계, 담배, 라이터, 월간 일정표, 업무 수첩(각 기관 전화번호), 네임펜, 필기구(색깔별), 휴대용 충전기, 최신 간부 현황, 도의회 원구성표, 출입기자 현황, 정책 특보 현황, 각 위원회 현황, 현금, 공무원증, 정부청사 출입증, 명함 1갑, 물티슈, 로션, 선크림, 빗, 컴퓨터, 봉투(결혼, 부의, 격려, 백봉투)
차량 비치품	직원 주소록, 국회수첩, 담배, 라이터, 빗, 생수, 비타민, 등산화, 껌, 핸드폰 충전기, 선크림, 명함(영어, 중국어, 일본어 포함), 물티슈, 넥타이(검은색, 밝은색), 목베개, 갑티슈(먼지 안 나는 것), 사탕, 땅콩카라멜, 봉투(결혼, 부의, 격려, 백봉투), 선글라스, 재떨이, 휴지통

수행비서 옷차림

상황	매뉴얼
공통	· 청결한 복장 유지
공식	· 어두운 색 계통의 정장 및 구두 · 도 CI 뺏지를 제외한 악세사리 착용 지양
비공식	· 상황과 장소에 맞는 복장(등산, 운동, 캐쥬얼, 연회 복장 등) · 주변에 위화감을 조성하지 않도록 참석자에 동화되는 복장 착용

전화 응대 매뉴얼

상황	매뉴얼
공통	· 전화기는 24시간 항상 휴대 및 망 대기(세면 시, 목욕 시에도 투명 봉지를 이용 항시 휴대) · 지사님 전화 및 문자 벨소리는 별도 지정 · 전화번호는 항상 최신화 및 온라인 별도 백업 · 친분 관계, 고위직 제외한 일반 전화의 경우 무슨 용건인지 확인 후 관계 내용을 입체적으로 파악하여 지사님께 종합 보고 · 지사님 개인 번호 원할 경우 '지사님께서는 개인 전화 없이 이 전화기를 사용하고 계십니다.' 일관되고 정중하게 답변(알려드려야 할 경우에는 010-○○○-○○○○번 말씀드릴 것)

발신	· 일반 발신: "안녕하세요. 저는 안희정 지사님 비서관 OOO입니다. 지사님께서 통화를 원하시는데 잠시 통화 괜찮으신지요?"
	· 참모 발신: (수신 확인 후 바로) "지사님 전화 연결 해드리겠습니다."
	· 특별 발신: 전화 신호가 가는 것 확인 후 지사님께 전달 (상대가 지사님보다 고위직 또는 친근한 관계일 경우)
	· 부지사 발신: 상대 수행비서 전화 교환하는 동안 지사님께 바로 전달
수신	· 일반 수신: "안녕하세요. 안희정 지사님 수행비서입니다. 지사님께서는 지금 회의 중이셔서요. 혹시 어떤 내용 때문에 통화 원하시는지 여쭤봐도 될지요?"
	· 특별 수신: "전화 대신 받았습니다. 수행비서입니다. 지사님께서 지금 회의 중이셔서요. 잠시 후에 바로 메모 전해드리겠습니다."(지사님과 기존 관계가 있는 친분 관계 및 고위직은 지사님 직접 받는 전화로 생각하고 수행폰으로 전화)
	· 기자 수신: (기자 확인 시 바로 녹음 시작) "지사님과 바로 통화는 어려우실 것 같습니다. 관련 담당자와 통화하시는 게 더 정확한 정보를 얻는 데 도움 되실 것 같습니다. 담당자 번호를 바로 문자로 넣어드리겠습니다. 감사합니다."

상황별 매뉴얼

일상 수행

장소	매뉴얼
공관	· 일정 출발시간 20분 전 공관에 도착(출발시간 지사님께 문자)
	· 지사님 기상 및 조찬 확인 후 서재에서 서류 챙기고, 구두 확인
	· 공관 귀가 5분 전에 전화 및 문자 통보
	· 관사 도착 전 다음 날 일정 및 준비 사항을 간단히 보고
	· 명일 출발 시간을 확인하여 공관 근무자에게 모닝콜 시간 통보
	· 퇴근 후 전화 주신 분은 연결 여부를 판단하여 필요시 관사로 연결
차량	· 차량 출발 시 하루 일정을 간단히 보고
	· 참고자료를 전해드리고, 숙지하셔야 하는 사항 간단히 보고(행사장에서 하실 일, 주요 참석자, 장소 실내외 등)
	· 이동 간 전화 수신 시 중요한 전화 외에는 지사님 모신 후 통화
	· 차량에서는 문자로 연락, 최대한 생각하시는 데 방해 안 되도록 정숙
	· 영접자를 사전 파악하여 특이사항 문자로 확인
	· 행사장 도착 10, 5분 전 영접자에게 문자
	· 도착 직전 현장 특이사항 발생 시 사전 보고(취재, 변경사항 등)

행사장	· 행사장 도착시간은 항상 정시 유지(집 방문 시는 5분 늦게)
	· 행사장 도착 후 지사님 자리 확인 및 안내
	· 말씀자료를 전해드린 후, 말씀 내용을 가능한한 청취
	· 말씀 내용 중 통계, 단어 사용 등의 오류 있을 시 확인 후 보고
	· 행사장 내 화장실, 출·입구를 확인하여 최단거리 동선 사전 인지
	· 행사가 지연되어 다음 행사에 지장이 있을 경우 관계자와 협의
	· 행사 지연으로 인해 식사가 어려울 경우 도시락 준비 등 적절히 대처
사무실	· 사무실 도착 5분 전 비서실 직원들에게 문자
	· 일반 내부 행사는 일정 비서관 수행
	· 청내에 계시는 동안 정무팀, 주요 실무자들과 만나 동향 파악
	· 법인카드 집행 내역 작성 및 영수증 제출
지시	· 지시 사항은 메모하여 즉시 담당국장, 팀장에게 구체적으로 전파(지시하신 상황, 말씀 맥락,
사항	구체적인 시행 지침 등을 포함하여 설명)
	· 비서실장, 비서관과 관련 내용 공유하여 처리 상황을 지속적 관리

서울 수행

장소	매뉴얼
차량 (내포)	· 열차표 확인 및 서울사무소와 도착시간 공유
	· 도청에서 천안아산역으로 출발시 열차 출발시간 50분 전 출발
	· 천안아산역 내 1층으로 진입하여 열차 출발 5분 전 플랫폼 으로 이동
기차	· 탑승 시 열차 진행 방향 뒤쪽으로 탑승(승객 시야의 반대쪽 입장)
	· 좌석 안내 후 출발 사실을 비서실 및 서울사무소에 연락
	· 열차 내에서는 급한 전화 아니면 연결을 삼가
	· 통화시 객실 밖에서 받고 메모하여 차량으로 이동 시 보고 후 연결
차량 (서울)	· 차량에서는 문자로 연락, 최대한 생각하시는 데 방해 안 되도록 정숙
	· 이동 간 전화 수신 시 중요한 전화 외에는 지사님 모신 후 통화
사무실	· 집무실 바로 앞 테이블 대기
일정	· 일정 후 내려올 열차를 예매 후 운전비서와 시간 공유
	· 지사님께서 약주를 하셨거나 마치는 시간이 늦을 시 서울 차량 이용
	· 다른 내용은 기존 수행과 동일

해외 수행

장소	매뉴얼
준비	· 관용 여권과 개인 여권 중 순방 필요 여권 파악 후 담당과에 제출 · 담당과의 해외 일정 사전 보고 시 참석하여 주요 일정 숙지 · 해외 호텔 예약 시 지사님 취향 적극 반영(번잡하지 않은 지역 위치, 한국인 적은 곳, 최고급 및 스위트 지양, 유명 체인보다는 호텔의 실제 환경, 테라스 有, 공사 여부 등 현재 상태) · 순방 실무 책임자인 실국장도 규정대로 비즈니스석에 타도록 확인 · 순방 국가의 일기(날씨, 기온 등)를 파악하여 관련 물품 준비 · 순방 중 참고자료를 담당과로부터 전달받아 1부는 지사님께 드리고 1부는 수행비서가 백업용으로 보관 · 비상시를 대비하여 지사님 여권 사본 및 여권용 사진 3장 휴대 · 지사님 개인 가방과 수행비서 가방을 출국 당일 또는 하루 전까지 해외 순방 담당과에 인계
이동	· 공항 영접 계획을 숙지하고, 출국 시간 1시간 전에 공항 도착 · 공항 직원의 안내를 받아 인천공항 귀빈실 및 VIP 출구 이용 출국(비행기 출발 시간이 여유 있을 시에는 일반인 수속으로 출국) · 비행기 탑승 및 자리 안내 후 비서 좌석으로 돌아옴 · 비행기 내에서 코냑 한 병 구매(지사님 현지 숙소에 비치) · 입국신고서 및 세관신고서 등 각종 신고서 작성(지사님 신고서 포함) · 도착 후 대사관 또는 영사관 직원의 안내를 받아 입국 수속
일정	· 포켓용 소책자를 항시 휴대하여 일정을 체크하고 수시로 보고 · 국내 언론기사 및 동향 보고 자료를 담당과 협조 받아 매일 아침 보고 · 다른 일정 수행은 기존과 동일
호텔	· 호텔 체크인 후 지사님 방 안내 및 가방 전달 · 지사님 방 호수는 순방 총괄 간부와 수행비서만 공유 · 다음 일정을 고려하여 양복, 셔츠, 구두 상태를 확인하고 불량 시 조치 · 순방 활동 계획에 따라 모닝콜 시각 및 다음 날 일정을 간단히 보고 · 숙소 체크아웃 시 지사님 방 점검 및 팁 1달러 책상 위에 놓을 것
기타	· 1일 1회 비서실장과 통화하여 특이사항 유무를 보고 · 순방 기간 중 지사님 컨디션 유지에 각별한 관심 필요

기타 수행

장소	매뉴얼
언론	· 방송국: 촬영 시작 30분 전 방송국에 도착하여 메이크업 및 리허설 등을 여유 있게 하실 수 있도록 안내 · 공관 전화 인터뷰: 인터뷰 30분 전 공관에 도착하여 언론사 관계자와 통화 확인 후 대기하다가 전화 연결(메시지 팀장 배석 조치) · 언론인의 인터뷰 요청 시 최대한 멘트를 적게하고 언론 담당자를 연결해드린다고 정중히 제안 후 담당자에게 전달 · 언론인과 대화 나눌 시 항상 녹음
운동	· 탁구: 홍보협력관실 OOO 주사 통보 및 필요 물품을 챙겨드릴 것 · 배드민턴: OOO 배드민턴회 회장과 통화 후 운동 여부 확인
카드	· 관용카드 결재: 행정안전부 업무추진비 집행 규칙 대로 사용, 사용 규정에 각별히 주의(업무추진비 집행 규칙 별첨)
선거법	· 연설 내용, 식사 제공 등 힝싱 모니터링 및 주의(자치과 담당자와 확인)
공유	· 칭찬 내용은 널리 전파, 잘못된 내용은 담당자와 정확한 사실 공유 · 녹취 내용은 즉각 풀어서 공유(때에 따라서는 녹음파일 함께 공유) · 일 처리는 개인이 아닌 시스템이 처리할 수 있도록 체계화
의전	· 의전 예우 기준 수시 참고(별첨) · 중앙정부 행사 시 지방정부의 대표자로서 지사님 의전 확실히 챙길 것
기호	· 담배, 커피(아메리카노 시럽 꾹 1회 반), 우유(서울우유 커피맛) · 음료 주문 할 때는 최소 두 잔(혼자 드시지 않도록, 경우에 따라 판단)
기타	· 지사님 서류는 항상 세절 · 매월 1회 정도 이발하실 수 있도록 일정 관리 · 정기적 운동 일정 확보

수행 비서 위치

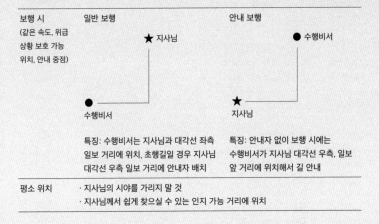

보행 시 (같은 속도, 위급 상황 보호 가능 위치, 안내 중점)	일반 보행	안내 보행
	★ 지사님 ● 수행비서 특징: 수행비서는 지사님과 대각선 좌측 일보 거리에 위치, 초행길일 경우 지사님 대각선 우측 일보 거리에 안내자 배치	● 수행비서 ★ 지사님 특징: 안내자 없이 보행 시에는 수행비서가 지사님 대각선 우측, 일보 앞 거리에 위치해서 길 안내
평소 위치	· 지사님의 시야를 가리지 말 것 · 지사님께서 쉽게 찾으실 수 있는 인지 가능 거리에 위치	

몰락의 시간

안희정 몰락의 진실을 통해 본
대한민국 정치권력의 속성

초판 1쇄   2023년 11월 22일 발행
초판 3쇄   2023년 12월 4일 발행

지은이   문상철

기획편집   최세정, 이솔림
디자인   조주희
마케팅   최재희, 신재철, 김예리
인쇄   아트인

펴낸이   김현종
펴낸곳   (주)메디치미디어
경영지원   이민주, 김도원
등록일   2008년 8월 20일 제300-2008-76호
주소   서울특별시 중구 중림로7길 4, 3층
전화   02-735-3308
팩스   02-735-3309
이메일   medici@medicimedia.co.kr
페이스북   facebook.com/medicimedia
인스타그램 @medicimedia
홈페이지   www.medicimedia.co.kr

ISBN 979-11-5706-314-7(03300)